L'Italia racconta

Norbert Becker

Racconti moderni
Rapporti umani

C. C. Buchner

L'Italia racconta
Italienische Lektürereihe

Racconti moderni
Rapporti umani
erarbeitet von Norbert Becker

1. Auflage I ⁴³²¹ 2010 08 06 04
Die letzte Zahl bedeutet das Jahr dieses Druckes.

Dieses Werk folgt der reformierten Rechtschreibung und Zeichensetzung. Ausnahmen bilden Texte, bei denen künstlerische, philologische oder lizenzrechtliche Gründe einer Änderung entgegenstehen.

© 2004 C.C. Buchners Verlag, Bamberg
Das Werk und seine Teile sind urheberrechtlich geschützt.
Jede Nutzung in anderen als den gesetzlich zugelassenen Fällen bedarf deshalb der vorherigen schriftlichen Einwilligung des Verlages.

Hinweis zu §52a UrhG: Weder das Werk noch seine Teile dürfen ohne eine solche Einwilligung eingescannt und in ein Netzwerk gestellt werden. Das gilt auch für Intranets von Schulen und sonstigen Bildungseinrichtungen.

www.ccbuchner.de

Illustrationen: Wilma Angenendt
Gestaltung und Herstellung: Atelier Lehmacher, Friedberg
Druck: Aktiv Druck & Verlag GmbH, Ebelsbach

ISBN 3 7661 **4953** 9

Inhalt

Seite

Vorwort 4

1 Luciano De Crescenzo,
  Il bello addormentato 5

2 Italo Calvino,
  L'avventura di due sposi 15

3 Luigi Malerba,
  Una storia tutta vera 25

4 Antonio Tabucchi,
  L'amore di Don Pedro 35

5 Stefano Benni,
  Papà va in TV 44

6 Luigi Malerba,
  Una ragazza tutta grigia 59

7 Leonardo Sciascia,
  Il lungo viaggio 70

8 Goffredo Parise,
  Bontà 84

Literatur 95

Vorwort

Das Lesen fremdsprachlicher Texte macht Freude, wenn man die Lektüre nicht dauernd unterbrechen muss, um unbekannte Vokabeln in einem Wörterbuch nachzuschlagen. Richtet sich die gesamte Aufmerksamkeit des Lesers auf Einzelwörter, so kann er leicht das Ganze (die Handlungsstränge, die Personenkonstellationen) aus den Augen verlieren und das inhaltliche tritt dem rein sprachlichen Verstehen gegenüber in den Hintergrund.

Um auch unbekannte Texte mit teilweise neuem Vokabular zügig und mit Vergnügen lesen zu können ist es nötig Texterschließungstechniken kennen und anwenden zu lernen.
Zur Einübung der verschiedenen Techniken wurden im vorliegenden Band die literarischen Texte mit einem entsprechenden Aufgabenapparat versehen. Anhand dessen lassen sich Verfahrensweisen und Tricks entwickeln und einüben, mit denen man auch die Lektüre eines längeren Textes vorbereiten kann. So lernen die Schülerinnen und Schüler zum Beispiel, den Blick auf Wortfamilien, die Bedeutung von Prä- und Suffixen zu lenken, die Verbindung zu ähnlichen Wörtern aus dem Deutschen oder aber auch aus anderen bereits gelernten Fremdsprachen herzustellen, aber auch immer wieder vom Kontext auf den Sinn zu schließen.

Der Sinn unbekannten Vokabulars wird schneller erfasst, Einsicht in die Transparenz der Wörter entwickelt, das (stille) Lesen wird beschleunigt und schließlich eine wachsende Lesefreude gewonnen.

Natürlich gehört auch ein wenig „Mut zur Lücke" dazu, d. h. auch einmal ein Detail zu übergehen – doch mit ein bisschen Vertrauen in die eigenen (Kombinations-)Fähigkeiten dürfte es gelingen, den Sinn eines Textes im großen Zusammenhang zu verstehen. Für das Detailverständnis bleibt immer noch die Möglichkeit, im Wörterbuch nachzuschlagen.

Viel Freude an der italienischen Literatur

wünscht Norbert Becker

Il bello addormentato

Luciano De Crescenzo

Il cavaliere Sgueglia è una persona precisa; ha quarantasei anni, è scapolo ed unitamente alla sorella, signora Rosa Sgueglia sposata Gallucci, tiene un negozio di colori e ferramenta in via Torretta 282 a pochi passi dalla stazione di Mergellina. Come vi dicevo prima, il cavaliere Sgueglia è una persona precisa: da circa venti anni, ovvero, dalla morte del padre buonanima, esce tutte le mattine alle otto e venti da casa, prende un caffè e una brioche da Fontana e alle nove in

1 il cavaliere: *chi va a cavallo, soldato a cavallo; uomo che si comporta gentilmente con una donna; titolo conferito a chi si è distinto professionalmente nei vari settori dell'economia nazionale (Cavaliere del lavoro);* **2 scapolo:** *uomo non sposato;* **unitamente a:** *con;* **3 la ferramenta:** *oggetti di ferro;* **6 ovvero:** *o;* **7 buonanima:** *persona morta degna di rispetto e di memoria affettuosa*

1
Luciano De Crescenzo, Il bello addormentato

punto alza la saracinesca del negozio alla Torretta. Donna Rosa arriva con comodo per via del fatto che la mattina prima di uscire deve avviare un marito al Comune e tre figli, tre scatenati, alla scuola professionale.

Arriva e si siede alla cassa, un occhio ai clienti ed un altro ai guagliuni per evitare che si fottano tutto il negozio. Mio fratello è troppo buono, dice, e non ha capito che oggi, con i prezzi che sono saliti alle stelle, perdere una chiave inglese significa dare un saluto a cinquemila lire. All'una il cavaliere non esce, abbassa solo la saracinesca quasi fino a terra, poi donna Rosa gli prepara un «primo» sul fornellino nel retrobottega e subito scappa a casa per sfamare i suoi quattro morti di fame, e cioè i figli ed il marito, mentre invece il cavaliere, puveriello, si fa una mezzoretta di sonno su di una brandina in mezzo a buatte di vernici, rubinetterie e rotoli di rete metallica.

La sera alle otto precise il cavaliere chiude il negozio e si avvia nel traffico di via Posillipo dove, dopo una ventina di minuti, appena passata piazza San Luigi, si ferma in una traversa scura, un vicolo cieco, parcheggia la macchina una millecento Fiat bicolore con i sedili ribaltabili che da quattro anni che la tiene sì e no ci ha fatto diecimila chilometri, e si ritira a casa. Una cena semplicissima, quasi sempre la stessa e

9 la saracinesca: *chiusura metallica di sicurezza (Metallrollladen);* **10 con comodo:** *senza fretta;* **11 avviarsi:** *incamminarsi, dirigersi verso un luogo;* **scatenato, -a:** *molto vivace, infuriato, agitato;* **14 il guagliune:** *(dial.) ragazzo;* **fottere:** *(volg.) ingannare, rubare;* **16 la chiave inglese:** *(Schraubenschlüssel);* **17 dare un saluto:** *salutare, qui: perdere;* **19 il fornellino:** *dimin. di "fornello", apparecchio domestico per cuocere cibi;* **19 il retrobottega:** *piccola stanza dietro una bottega;* **20 sfamare:** *dare da mangiare a qn;* **22 il puveriello:** *(dial.) povero;* **23 la brandina:** *letto provvisorio e smontabile;* **la buatta:** *(dial.) barattoli, contenitori;* **la vernice:** *(Firnis, Farbe, Lack);* **la rubinetteria:** *(Armaturen);* **rotoli di rete metallica:** *(Rollen von Metallgittern);* **27 la traversa:** *via traversa, via che incrocia un'altra via;* **28 il vicolo cieco:** *via senza uscita, senza sbocco;* **29 il sedile ribaltabile:** *sedile che si può rovesciare, ribaltare (umklappen)*

che ovviamente si prepara da solo, un poco di televisione e poi a letto: Madonna mia grazie per oggi e per domani pensaci tu e poi Padre Figliuolo e Spirito Santo e così sia.

Ora voi a questo punto direte ma che storia è questa? E a noi che ce ne importa del cavaliere Sgueglia che è preciso? Eh no vi dico io! La precisione del cavaliere è determinante per il fatto che vi sto per raccontare. E già perché dovete sapere che questa giornata tipo del cavaliere Sgueglia è sempre stata così, senza alcuna variazione da quasi venti anni: mai una sera al cinema, che so io, da un amico, da un parente. Non visita e non riceve. Solo la domenica, tutte le domeniche all'una, va a pranzo dalla sorella: la Messa, le paste da Fontana due babà una zuppetta inglese uno sciù e due sfogliatelle, *Il Mattino*, tre scope mano a mano col cognato mentre donna Rosa prepara in cucina e poi di nuovo a casa: novantesimo minuto, il II tempo della partita, Carosello e la domenica sportiva.

Ma veniamo a noi: giovedì scorso verso l'una e mezza di notte, quando stava ancora al primo sonno, il cavaliere viene svegliato dallo squillo continuo del telefono. Ma chi sarà a quest'ora? Si alza e va a rispondere con la certezza della brutta notizia ed infatti apprende dal cognato che la sorella, cioè donna Rosa, si era sentita male: aveva avuto terribili dolori di pancia ed il marito l'aveva portata all'ospedale Loreto da dove telefonava e dove con ogni probabilità, appena fosse venuto il Professore, sarebbe stata operata di appendicite.

---

32 ovviamente: *naturalmente, evidentemente;* **43 il babà:** *dolce (contiene rum);* **44 la zuppa inglese:** *dolce farcito con crema e cioccolato;* **lo sciù:** *(Makrone);* **la sfogliatella:** *(Blätterteig);* **Il Mattino:** *un quotidiano;* **45 la scopa:** *qui: un gioco di carte;* **mano a mano:** *qui: una dopo l'altra;* **il cognato:** *marito della sorella;* **46 "Novantesimo minuto", "Il secondo tempo della partita", "Carosello", "la domenica sportiva":** *trasmissioni TV;* **50 lo squillo:** *suono forte, vibrante e acuto; suono del telefono;* **54 la pancia:** *(Bauch);* **56 l'appendicite (f.):** *infiammazione dell'appendice (Blinddarmentzündung)*

1 Luciano De Crescenzo, Il bello addormentato

Il cavaliere dice solo «quando mi vesto e vengo» e sempre mezzo stonato dal sonno si veste alla meglio, esce di casa, scende nel vialetto dove ha lasciato la millecento, e non la trova. Anzi per essere precisi proprio al posto dove ha lasciato la sua macchina trova un'altra macchina, coperta da un telone scuro. Il cavaliere, che non ha ancora ripreso tutte le sue facoltà logiche, ci gira prima intorno e poi, cautamente, alza un lembo del telone e lì, con massimo stupore, si accorge che, Gesù ma stessi sognando, sotto al telone c'era proprio la macchina sua e che nella macchina dormiva tranquillamente un uomo. Erano quasi tre anni che Gennaro Esposito, disoccupato, tutte le sere alle undici e mezza si ritirava nella millecento del cavaliere Sguéglia. Ed approfittando della regolarità delle abitudini del cavaliere, Gennaro non si limitava a ribaltare i sedili e a riposarsi, ma, aperta una grande valigia che poi custodiva nel bagagliaio, tirava fuori tutto il necessario per prepararsi il «letto»: cuscino, coperte, lenzuola e sveglia sul cruscotto. La sveglia veniva messa alle sei e mezza perché a Gennaro piaceva essere mattiniero, si alzava ed iniziava la messa a punto degli interni della vettura. Aveva con sé persino uno scopettino per spazzolare eventuali tracce della sua presenza. Bè diciamo la verità: qualcosa la lasciava nella macchina ed era il proprio odore personale, ma ormai dopo tanti anni il cavaliere a quell'odore di Gennaro Esposito ci si era abituato e fin dall'inizio lo aveva preso per un odore FIAT.

58 stonato: *assordato, stordito (benommen, betäubt);* **59 il vialetto:** *piccolo viale (viale: strada con alberi);* **63 cauto, -a:** *prudente;* **64 il lembo:** *parte estrema, orlo, margine;* **il telone:** *grosso pezzo di tessuto impermeabile (Plane);* **lo stupore:** *senso di grande meraviglia che lascia senza parole;* **accorgersi:** *vedere, osservare, notare;* **67 disoccupato, -a:** *senza lavoro;* **73 il cuscino:** *(Kissen);* **il lenzuolo:** *(Betttuch) (pl. le lenzuola: Bettwäsche);* **74 il cruscotto:** *(Armaturenbrett);* **75 mattiniero, -a:** *chi si alza la mattina presto;* **la messa a punto:** *la messa in ordine;* **77 lo scopettino:** *piccola scopa (kleiner Handbesen);* **spazzolare:** *pulire con una spazzola (= scopettino)*

Luciano De Crescenzo, Il bello addormentato

Ma torniamo alla nostra famosa notte: avevamo lasciato il cavaliere ammutolito dalla sorpresa in contemplazione di Gennaro Esposito, disoccupato e senza fissa dimora. O Dio, senza fissa dimora, si fa per dire, perchè in effetti Gennaro una fissa dimora ce l'aveva ed era la millecento Fiat del cavaliere Sguéglia targata NA294082. Realizzato il fatto, il cavaliere, al massimo dello stupore, sveglia con un urlo Gennaro che ancora più stupito di lui giustamente gli chiede:
«Cavaliè, e voi che fate a quest'ora in mezzo alla strada?»
«Quella mia sorella si è sentita male e l'hanno portata all'ospedale Loreto.»
«Ma chi? Donna Rosa? E che si è sentita?»
«Ma voi chi siete? Che fate nella macchina mia? Chi vi ha...»
«Cavaliè, e mò adesso non state a pensare a chi sono io, piuttosto ditemi che sto in pensiero: donna Rosa come sta? Che si sente?»
«Ma non ho capito bene, pare che si tratta di appendicite, ma voi chi siete e chi vi ha dato il permesso di...»
«Cavaliere bello, e adesso non vi mettete a perdere tempo per sapere chi sono e chi non sono! Voi non vi dovete preoccupare per me, ho solo approfittato qualche volta della vostra cortesia; piuttosto pensiamo a donna Rosa che non si sente bene, dove avete detto che l'hanno portata?»
«All'ospedale Loreto.»
«Benissimo, mò vi accompagno.»
«Ma come mi accompagnate, io non capisco.»
«Cavaliè, voi adesso vi sentite un poco confuso ed io vi capisco: lo sbattimento, vi hanno svegliato in mezzo al sonno e poi giustamente state in pensiero. Ma mò non vi preoccupa-

---

83 ammutolito, -a: *essere senza parole, stare zitto per lo stupore;* **86 la dimora:** *luogo dove si abita;* **87 targato, -a:** *provveduto di targa (numero di una macchina);* **90 cavaliè:** *(dial.) cavaliere;* **95 mò:** *ora, adesso;* **109 lo sbattimento:** *(Schlagen)*

1. Luciano De Crescenzo, Il bello addormentato

te, che qua ci sta Gennaro vostro che non vi lascia. Io, consentitemi, mi sento di famiglia.»
«Come di famiglia?»
«E sì, cavaliere mio, io vi DEBBO accompagnare!»
Il cavaliere e Gennaro passarono la notte insieme all'ospedale Loreto. Gennaro fu di grande conforto e il cavaliere lo presentò come «un coinquilino» di via Posillipo. Insieme scelsero il chirurgo a cui affidare l'appendice di donna Rosa ed insieme attesero trepidanti la felice conclusione dell'intervento. Salutandosi il cavaliere si fece promettere sui fantomatici figli dichiarati da Gennaro che mai più avrebbe utilizzato la sua macchina come camera da letto. Comunque, ad ogni buono conto e malgrado i solenni giuramenti, il cavaliere adesso si è venduto la millecento e si è comprato un coupé.

116 il conforto: *aiuto morale, sollievo;* **117 il coinquilino**: *ognuno degli inquilini (vicini che abitano nello stesso edificio) di una casa;* **119 trepidare**: *tremare, avere l'animo pieno di ansia, di timore;* **l'intervento**: *qui: un'operazione;* **120 fantomatico, -a**: *misterioso, fantastico;* **123 solenne**: *formale; che si celebra con cerimonie;* **il giuramento**: *azione di promettere solennemente*

Per preparare la lettura

1. Tentate di spiegare il disegno.
2. Poi provate a inventare una piccolo storia.

Per "entrare" nella tematica del testo

1. Leggete in silenzio il testo, dividetelo in sequenze e date un titolo ad ogni sequenza.
2. Fate ora il riassunto di ogni sequenza.

Luciano De Crescenzo, Il bello addormentato

Per capire il testo

1. Descrivete il signor Sgueglia e la signora Rosa: come trascorrono la loro giornata?

2. Che cosa succede al signor Sgueglia una notte?

3. Come reagisce il protagonista all'inaspettata situazione?

4. Descrivete le abitudini del signor Esposito.

5. Come si comporta in seguito il protagonista nei confronti del signor Esposito?

Per analizzare il testo

1. Cercate di caratterizzare il signor Sgueglia e il signor Esposito. I seguenti vocaboli possono esservi d'aiuto:

   facile a sorprendere – preciso – minuzioso – timido – cauto – pedante – (non) puntuale – prudente – (ir)regolare – audace – temerario – cedevole – duro – dal cuore tenero – provocante/provocatore – cortese – gentile – invadente – seccante/seccatore – importuno – individualista/egoista/egoistico – scatenato – (a)sociale – altruista

   Invece degli aggettivi potete anche utilizzare sostantivi preceduti da una preposizione come ad es.: preciso – con precisione ecc. ...

2. Descrivete il tono della storia.

3. Analizzate come l'autore narra gli avvenimenti. Racconta tutto sempre nello stesso modo?

4. L'autore si identifica con qualche personaggio?

5. C'è un messaggio in questo racconto? Se sì, quale?

Luciano De Crescenzo, *Il bello addormentato*

Per prendere posizione

Come reagireste voi in una tale situazione?

Per cercare di capire vocaboli sconosciuti

1. Quali vocaboli si nascondono in

   addormentato
   la ferramenta
   abbassare
   metallico
   sfamare
   significare
   avviare
   scorso
   approfittare
   limitarsi
   disoccupato
   la regolarità   ?

2. Conoscete altri vocaboli della stessa famiglia o della stessa radice?

   la morte
   salire
   la rubinetteria
   preciso
   cautamente
   lo stupore
   la variazione
   vestirsi
   custodire
   svegliare
   tirare
   prepararsi

Luciano De Crescenzo, Il bello addormentato

3 Riconoscete il significato dei vocaboli seguenti sulla base del contesto?

lo scapolo (r. 2)
buonanima (r. 7)
avviarsi nel traffico (r. 25)
lo squillo continuo (r. 50)
alzare un lembo del telone (r. 64)
una brandina (r. 22)
con massimo stupore (r. 64)

4 ***avv**iare,* ***add**ormentare,* ***abb**assare,* ***amm**utolire,* ***app**rofittare*
Che cosa significa il prefisso ad- (ab-, ac-, ad-, al-, am-, an-, ap- ecc.)?

Qual'è il significato di

l'aggressione
accedere
accelerare
accertare
accendere
accontentare
accorciare
alleggerire
allegato
l'arricchimento
l'associazione
abbracciare
l'abbreviazione
l'abbronzatura
alloggiare
annullare

Luciano De Crescenzo, Il bello addormentato

l'apprendimento
arretrare
ammalato
allontanare
annoiare   ?

Cercate nel dizionario ancora altri vocaboli con questo prefisso e spiegateli.

L'avventura di due sposi

ITALO CALVINO

L'operaio Arturo Massolari faceva il turno della notte, quello che finisce alle sei. Per rincasare aveva un lungo tragitto, che compiva in bicicletta nella bella stagione, in tram nei mesi piovosi e invernali. Arrivava a casa tra le sei e tre quarti e le sette, cioè alle volte un po' prima alle volte un po' dopo che suonasse la sveglia della moglie, Elide.

Spesso i due rumori: il suono della sveglia e il passo di lui che entrava si sovrapponevano nella mente di Elide, raggiungendola in fondo al sonno, il sonno compatto della mattina presto che lei cercava di spremere ancora per qualche secondo col viso affondato nel guanciale. Poi si tirava su dal letto di strappo e già infilava le braccia alla cieca nella vestaglia, coi capelli sugli occhi. Gli appariva cosí, in cucina, dove Arturo stava tirando fuori i recipienti vuoti dalla borsa che si portava con sé sul lavoro: il portavivande, il termos, e li posava sull'acquaio. Aveva già acceso il fornello e aveva messo su il caffè. Appena lui la guardava, a Elide veniva da passarsi una

1 fare il turno di notte: *lavorare di notte;* **2 rincasare:** *rientrare, tornare a casa;* **il tragitto:** *percorso, passaggio da un luogo a un altro;* **4 piovoso, -a:** *tempo caratterizzato da piogge;* **invernale:** *d'inverno;* **5 alle volte:** *talvolta, di quando in quando;* **6 la sveglia:** *piccolo orologio che suona a un'ora fissa;* **7 il rumore:** *fenomeno acustico generalmente irregolare, ad es. il rumore della strada, delle macchine ecc.;* **8 sovrapporre:** *mettere qc sopra a qualcos'altro;* **9 compatto, -a:** *senza interruzione, non interrotto;* **10 spremere:** *schiacciare, stringere;* **11 affondato, -a:** *messo dentro;* **il guanciale:** *su un letto: cuscino rettangolare per la testa (Kissen);* **12 lo strappo:** *movimento brusco, azione brusca;* **infilare:** *introdurre, indossare, mettere dentro;* **alla cieca:** *senza vedere niente, senza considerazione;* **la vestaglia:** *ampia veste da camera;* **14 il recipiente:** *contenitore;* **15 il portavivande:** *serve a conservare e trasportare cibi caldi;* **16 l'acquaio:** *in cucina lavabo dove si lavano le stoviglie (tazze, piatti, coltelli ecc.);* **il fornello:** *in cucina: apparecchio per cuocere cibi*

mano sui capelli, da spalancare a forza gli occhi, come se ogni volta si vergognasse un po' di questa prima immagine che il marito aveva di lei entrando in casa, sempre cosí in disordine, con la faccia mezz'addormentata. Quando due hanno dormito insieme è un'altra cosa, ci si ritrova al mattino a riaffiorare entrambi dallo stesso sonno, si è pari.

Alle volte invece era lui che entrava in camera a destarla, con la tazzina del caffè, un minuto prima che la sveglia suonasse; allora tutto era piú naturale, la smorfia per uscire dal sonno prendeva una specie di dolcezza pigra, le braccia che s'alzavano per stirarsi, nude, finivano per cingere il collo di lui. S'abbracciavano. Arturo aveva indosso il giaccone impermeabile; a sentirselo vicino lei capiva il tempo che faceva: se pioveva o faceva nebbia o c'era neve, a secondo di com'era umido e freddo. Ma gli diceva lo stesso: – Che tempo fa? – e lui attaccava il suo solito brontolamento mezzo ironico, passando in rassegna gli inconvenienti che gli erano occorsi, cominciando dalla fine: il percorso in bici, il tempo trovato uscendo di fabbrica, diverso da quello di quando c'era entrato la sera prima, e le grane sul lavoro, le voci che correvano nel reparto, e cosí via.

18 spalancare: *aprire interamente;* **19 vergognarsi:** *(sich schämen);* **21 il disordine:** *contrario di ordine;* **23 riaffiorare:** *qui: svegliarsi;* **entrambi:** *tutti e due;* **24 destare:** *scuotere dal sonno, svegliare;* **26 la smorfia:** *contrazione del viso sotto l'influsso di dolore o di qc di spiacevole;* **28 stirarsi:** *dopo aver dormito stendersi, stendere le braccia;* **cingere:** *attorniare, circondare, mettere attorno;* **29 il giaccone impermeabile:** *grande giacca utilizzata quando piove;* **31 la nebbia:** *(Nebel);* **32 umido, -a:** *più o meno impregnato d'acqua, contrario di secco;* **33 il brontolamento:** *(Knurren, Murren, Murmeln);* **passare in rassegna:** *(Parade abnehmen), qui: esaminare l'uno dopo l'altro;* **34 l'inconveniente:** *una cosa spiacevole che ostacola, che disturba;* **occorrere:** *accadere, avvenire;* **35 il percorso:** *tragitto, passeggiata;* **37 la grana:** *qui: fastidio, seccatura, inconveniente;* **38 il reparto:** *sezione, suddivisione*

Italo Calvino, L'avventura di due sposi

A quell'ora, la casa era sempre poco scaldata, ma Elide s'era tutta spogliata, un po' rabbrividendo, e si lavava, nello stanzino da bagno. Dietro veniva lui, piú con calma, si spogliava e si lavava anche lui, lentamente, si toglieva di dosso la polvere e l'unto dell'officina. Cosí stando tutti e due intorno allo stesso lavabo, mezzo nudi, un po' intirizziti, ogni tanto dandosi delle spinte, togliendosi di mano il sapone, il dentifricio, e continuando a dire le cose che avevano da dirsi, veniva il momento della confidenza, e alle volte, magari aiutandosi a vicenda a strofinarsi la schiena, s'insinuava una carezza, e si trovavano abbracciati.

Ma tutt'a un tratto Elide: - Dio! Che ora è già! – e correva a infilarsi il reggicalze, la gonna, tutto in fretta, in piedi, e con la spazzola già andava su e giú per i capelli, e sporgeva il viso allo specchio del comò, con le mollette strette tra le labbra. Arturo le veniva dietro, aveva acceso una sigaretta, e la guardava stando in piedi, fumando, e ogni volta pareva un po' impacciato, di dover stare lí senza poter fare nulla. Elide era pronta, infilava il cappotto nel corridoio, si davano un bacio, apriva la porta e già la si sentiva correre giú per le scale.

39 scaldare: *rendere caldo;* **40 spogliare**: *svestire, togliere gli indumenti (veste, pantaloni, camicia ecc.);* **rabbrividire** *(erschaudern);* **42 la polvere**: *piccolissimi frammenti di terra arida (Staub);* **43 l'unto**: *(Schmiere);* **44 intirizzito, -a**: *che ha (parzialmente) perso movimento e sensibilità per il gran freddo;* **darsi delle spinte**: *cercare di allontanare l'altra persona con le mani;* **48 strofinare**: *passare ripetutamente sopra una superficie per pulire;* **la schiena**: *(Rücken);* **insinuarsi**: *introdursi, penetrare;* **51 il reggicalze**: *(Strumpfhalter);* **la spazzola**: *serve a pettinarsi i capelli (Bürste);* **53 il comò**: *tipo di mobile (Kommode);* **la molletta**: *(Haar-, Wäscheklammer);* **56 impacciato, -a**: *imbarazzato, confuso;* **57 il cappotto**: *(Mantel)*

2. Italo Calvino, *L'avventura di due sposi*

Arturo restava solo. Seguiva il rumore dei tacchi di Elide giú per i gradini, e quando non la sentiva piú continuava a seguirla col pensiero, quel trotterellare veloce per il cortile, il portone, il marciapiede, fino alla fermata del tram. Il tram lo sentiva bene, invece: stridere, fermarsi, e lo sbattere della pedana a ogni persona che saliva. «Ecco, l'ha preso», pensava, e vedeva sua moglie aggrappata in mezzo alla folla d'operai e operaie sull'«undici», che la portava in fabbrica come tutti i giorni. Spegneva la cicca, chiudeva gli sportelli alla finestra, faceva buio, entrava in letto.

Il letto era come l'aveva lasciato Elide alzandosi, ma dalla parte sua, di Arturo, era quasi intatto, come fosse stato rifatto allora. Lui si coricava dalla propria parte, per bene, ma dopo allungava una gamba in là, dov'era rimasto il calore di sua moglie, poi ci allungava anche l'altra gamba, e cosí a poco a poco si spostava tutto dalla parte di Elide, in quella nicchia di tepore che conservava ancora la forma del corpo di lei, e affondava il viso nel suo guanciale, nel suo profumo, e s'addormentava.

Quando Elide tornava, alla sera, Arturo già da un po' girava per le stanze: aveva acceso la stufa, messo qualcosa a cuocere. Certi lavori li faceva lui, in quelle ore prima di cena, come rifare il letto, spazzare un po', anche mettere a bagno la roba da lavare. Elide poi trovava tutto malfatto, ma lui a dir la

---

59 il tacco: *parte posteriore delle scarpe;* **60 il gradino:** *una scala ha molti gradini;* **61 trotterellare:** *camminare in fretta saltellando;* **63 stridere:** *emettere un suono acuto e fastidioso (tipico dei freni);* **sbattere della pedana:** *il rumore della pedana (Stufe in Zügen) del tram quando si apre;* **65 aggrapparsi:** *tenersi forte con le mani;* **la folla:** *gente, massa, gran numero di persone;* **67 la cicca:** *il resto di una sigaretta;* **lo sportello:** *imposta che si chiude per fare buio;* **68 il buio:** *assenza di luce, oscurità;* **71 coricarsi:** *mettersi a letto;* **74 spostare:** *cambiare posizione, muovere dal posto;* **75 la nicchia:** *(Nische);* **il tepore:** *il caldo moderato e per questo piacevole;* **76 il profumo:** *odore gradevole (per es. il profumo delle rose, del gelsomino);* **79 la stufa:** *apparecchio che serve a riscaldare un ambiente;* **81 spazzare:** *pulire con la scopa (pavimenti);* **82 malfatto, -a:** *fatto male*

Italo Calvino, L'avventura di due sposi

verità non ci metteva nessun impegno in piú: quello che lui faceva era solo una specie di rituale per aspettare lei, quasi un venirle incontro pur restando tra le pareti di casa, mentre fuori s'accendevano le luci e lei passava per le botteghe in mezzo a quell'animazione fuori tempo dei quartieri dove ci sono tante donne che fanno la spesa alla sera.

Alla fine sentiva il passo per la scala, tutto diverso da quello della mattina, adesso appesantito, perché Elide saliva stanca dalla giornata di lavoro e carica della spesa. Arturo usciva sul pianerottolo, le prendeva di mano la sporta, entravano parlando. Lei si buttava su una sedia in cucina, senza togliersi il cappotto, intanto che lui levava la roba dalla sporta. Poi: - Su, diamoci un addrizzo, – lei diceva, e s'alzava, si toglieva il cappotto, si metteva in veste da casa. Cominciavano a preparare da mangiare: cena per tutt'e due, poi la merenda che si portava lui in fabbrica per l'intervallo dell'una di notte, la colazione che doveva portarsi in fabbrica lei l'indomani, e quella da lasciare pronta per quando lui l'indomani si sarebbe svegliato.

Lei un po' sfaccendava un po' si sedeva sulla seggiola di paglia e diceva a lui cosa doveva fare. Lui invece era l'ora in cui era riposato, si dava attorno, anzi voleva far tutto lui, ma sempre un po' distratto, con la testa già ad altro. In quei momenti lí, alle volte arrivavano sul punto di urtarsi, di dirsi qualche parola brutta, perché lei lo avrebbe voluto piú atten-

83 l'impegno: *obbligo, cosa da fare;* **85 la parete:** *muro interno di un edificio;* **86 la bottega:** *il negozio;* **90 appesantito, -a:** *diventato pesante;* **92 il pianerottolo:** *(Treppenabsatz);* **la sporta:** *grande borsa;* **95 darsi un addrizzo:** *qui: muoversi, darsi da fare;* **97 la merenda:** *cibo, spuntino (per il pomeriggio);* **102 sfaccendare:** *fare una serie di lavori domestici;* **la seggiola:** *la sedia;* **103 la paglia:** *(Stroh);* **104 darsi attorno:** *darsi da fare;* **106 urtare:** *colpire (col proprio corpo), dare contro*

to a quello che faceva, che ci mettesse piú impegno, oppure che fosse piú attaccato a lei, le stesse piú vicino, le desse piú consolazione. Invece lui, dopo il primo entusiasmo perché lei era tornata, stava già con la testa fuori di casa, fissato nel pensiero di far presto perché doveva andare.

Apparecchiata tavola, messa tutta la roba pronta a portata di mano per non doversi piú alzare, allora c'era il momento dello struggimento che li pigliava tutti e due d'avere cosí poco tempo per stare insieme, e quasi non riuscivano a portarsi il cucchiaio alla bocca, dalla voglia che avevano di star lí a tenersi per mano.

Ma non era ancora passato tutto il caffè e già lui era dietro la bicicletta a vedere se ogni cosa era in ordine. S'abbracciavano. Arturo sembrava che solo allora capisse com'era morbida e tiepida la sua sposa. Ma si caricava sulla spalla la canna della bici e scendeva attento le scale.

Elide lavava i piatti, riguardava la casa da cima a fondo le cose che aveva fatto il marito, scuotendo il capo. Ora lui correva le strade buie, tra i radi fanali, forse era già dopo il gasometro. Elide andava a letto, spegneva la luce. Dalla propria parte, coricata, strisciava un piede verso il posto di suo marito, per cercare il calore di lui, ma ogni volta s'accorgeva che dove dormiva lei era piú caldo, segno che anche Arturo aveva dormito lí, e ne provava una grande tenerezza.

110 la consolazione: *(Trost);* **113 apparecchiare (la tavola):** *preparare la tavola per mangiare (mettere le posate, i bicchieri, i tovaglioli ecc.);* **a portata di mano:** *che si può prendere facilmente (con le mani), raggiungibile;* **115 lo struggimento:** *tormento;* **pigliare:** *prendere energicamente;* **117 la voglia:** *desiderio intenso;* **121 morbido, -a:** *tenero, dolce, contrario di duro;* **122 tiepido, -a:** *né caldo né freddo;* **la canna della bicicletta:** *(Fahrradstange);* **124 la cima:** *il punto più alto (per es. di una montagna);* **126 buio, -a:** *scuro, non illuminato;* **rado:** *raro;* **il fanale:** *apparecchio per illuminare, lampione;* **il gasometro:** *grande recipiente chiuso che raccoglie, conserva e distribuisce il gas combustibile;* **131 la tenerezza:** *sensazione provocata da sentimenti di affetto, amore e compassione*

Italo Calvino, L'avventura di due sposi

Per "entrare" nella tematica del testo

Leggete in silenzio il testo e indicate la sua tematica.

Per capire il testo

Riassumi con parole tue come trascorrono la giornata marito e moglie.

Quali sono i momenti della giornata in cui i due protagonisti si incontrano?

Come si comportano i coniugi quando sono a casa insieme?

Per interpretare il testo

Provate a dare un altro titolo al racconto.

Descrivete il carattere dei due protagonisti. Eventualmente potete servirvi di una parte delle espressioni indicate:

essere laborioso – operoso – devoto al lavoro – (im)personale – sentire la nostalgia – essere nostalgico – essere isolato, tenero, ardente, appassionato – avere il senso pratico – agire come un robot – essere calmo, tranquillo, nervoso, vivace, rapido, veloce, individualista, conformista – agire come la folla – stanco – distratto – concentrato – loquace – muto – taciturno – amante dell'ordine – amare i piccoli gesti – la monotonia della vita quotidiana – incontri brevi, di breve durata – il grigiore – dominato dal lavoro – una giornata sempre uguale – incomunicabilità ...

Cerca di descrivere il tipo di rapporto tra i due coniugi: quali problemi affliggono la loro relazione?

Che cosa domina e regola la vita dei due protagonisti?

Secondo te c'è qualcosa di sbagliato nel loro comportamento? Perché?

2 *Italo Calvino, L'avventura di due sposi*

Per avviare una discussione

1. Questo testo è stato scritto nel 1958. Secondo te il rapporto tra i due protagonisti è riscontrabile ancora oggi?
2. Come potrebbero risolvere i loro problemi?
3. La frenesia (Hektik) della vita odierna lascia spazio ai rapporti interpersonali?
4. È più importante per te la carriera o la famiglia?
5. Il lavoro da solo può far felice una persona?
6. Che lavoro ti piacerebbe fare "da grande"?

Per cercare di capire vocaboli sconosciuti

1. Quali vocaboli si nascondono in

   rincasare
   piovoso
   invernale
   sveglia
   guanciale
   acquaio
   pedana
   pensiero
   allungare
   appesantito
   stanzino
   portone
   giaccone
   fornello
   tazzina
   infilare
   scaldato

Italo Calvino, L'avventura di due sposi

marciapiede
dolcezza   ?

Capite i vocaboli seguenti?

il termos	la nicchia
cuocere	trotterellare
la scala	la borsa
il gasometro	il tram
il fondo	il tempo
la bicicletta	l'immagine
il fanale	entrare
l'entusiasmo	naturale
compatto	il percorso

Per capire le espressioni seguenti tenete conto del contesto:

passare in rassegna (r. 33)
gli inconvenienti (r. 34)
accendere una sigaretta (r. 54)
spegnere la cicca (r. 67)
tra le pareti di casa (r. 85)
i recipienti vuoti (r. 14)
cingere il collo (r. 28)
un lungo tragitto (r. 2)

Spiegate il significato delle seguenti professioni:

operaio
gelataio
libraio
vetraio
orologiaio
giornalaio
macellaio

2. Italo Calvino, L'avventura di due sposi

calzolaio
chirurgo
dentista
autista
medico
professore
insegnante
pescatore

Questi vocaboli sono tutti al maschile. Con l'aiuto del dizionario cerca il femminile e poi forma il plurale sia al maschile che al femminile.

3

Una storia tutta vera

Luigi Malerba

La vergogna pubblica è più scottante (si vedrà più avanti quanto sia pertinente questo aggettivo) se il fatto che l'ha provocata si colloca in una piccola città. Per questo l'azione si svolge a Parma, nel quartiere residenziale che fa capo a viale Solferino, la parte alta e elegante della città. I protagonisti li chiamerò Marta e Raniero a ragion veduta (c'è qualche malizia nel mio racconto ma temo che potranno capirla solo gli interessati).
Il marito di Marta è un chirurgo molto noto dell'Ospedale Maggiore. È la professione ideale per una moglie infedele: Marta telefona all'ospedale e sa che quando il marito ha inco-

1 la vergogna: sentimento che si prova per azioni, pensieri o parole che si ritengono sconvenienti o indecenti; **scottante**: qui: che reca irritazione, dolore, dispiacere; **2 pertinente (agg.)**: che riguarda l'argomento in discussione; **3 collocarsi**: mettersi in un determinato luogo; occupare una certa posizione; **4 residenziale**: dove si abita; dove ci sono abitazioni, case; **fare capo**: sboccare; **5 il protagonista**: personaggio principale; **6 a ragion veduta**: dopo aver ben considerato la situazione; **7 la malizia**: (Hinterlist, List, Schläue); **temere**: avere paura; **10 infedele**: chi non mantiene una promessa, un impegno o la parola data

minciato una operazione chirurgica, per almeno due ore non potrà muoversi da lì. Ormai ha imparato anche a calcolare i tempi delle diverse operazioni, quelle che durano un'ora, due ore, quattro ore.

Raniero è sposato con la figlia di un avvocato liberale benestante e abita con lei nella villa di Vicofertile, a pochi chilometri dalla città, dove il suocero possiede vaste terre. Quasi ogni giorno viene in città dove ha uno studio di commercialista ma spesso, invece di incontrare i clienti, incontra Marta in una piccola mansarda su una stradina che fa angolo con viale Solferino.

Quella sera Marta si è fermata a chiacchierare con una amica e così arrivava in ritardo all'appuntamento con Raniero.

- Sono le dieci meno un quarto – dice lui un po' annoiato.

Marta guarda l'orologio:

- Ma no, sono le nove e tre quarti.

Raniero non sa se prendere sullo scherzo la correzione di Marta o se interpretarla come una di quelle sue piccole astuzie che spesso finiscono per irritarlo. Per non guastare la serata finisce per sorridere e perdonarle il ritardo. Poi mette su un disco di Louis Armstrong, *On the sunny Side of the Street*, un jazz malinconico e straziante. Lui sa che alle donne piace sempre venire corteggiate, anche con un disco, come se fosse la prima volta.

16 benestante: *ricco;* **18 il suocero:** *il padre del marito o della moglie;* **19 lo studio:** *stanza o insieme di stanze dove un artista o un professionista svolge la propria attività;* **il commercialista:** *laureato in scienze economiche e commerciali;* **21 la mansarda:** *abitazione ricavata nel sottotetto;* **la stradina:** *piccola strada;* **l'angolo:** *(Ecke, Winkel);* **23 chiacchierare:** *parlare, discutere anche su argomenti di poca importanza;* **24 l'appuntamento:** *accordo fra due o più persone di trovarsi in un certo luogo ad una determinata ora; l'incontro stesso;* **25 annoiare:** *provocare noia, fastidio in qn;* **28 prendere sullo scherzo:** *contr. di prendere sul serio;* **30 irritare:** *far perdere la pazienza, far arrabbiare qn;* **guastare:** *rovinare, turbare;* **31 sorridere:** *ridere leggermente;* **33 malinconico, -a:** *un po' triste;* **straziante:** *che provoca o esprime un violento dolore fisico o morale; che infastidisce fortemente*

Fuori si è messo a nevicare e si possono vedere dal letto, attraverso i vetri delle basse finestre, le falloppe della neve illuminate dai lampioni della strada. Topy, il bassotto di Marta, come al solito fa scene di gelosia quando la padrona sta nel letto con Raniero, guaisce e cammina avanti e indietro nella stanza. Anche Marta adesso guaisce nel letto e Topy si attacca con i denti alla gomma della stufetta a gas, la scuote rabbiosamente da una parte e dall'altra finché la stacca, dalla presa metallica.

Finalmente, rilassato e soddisfatto, Raniero allunga pigramente il braccio fuori dal letto per prendere le sigarette e i fiammiferi. Vorrebbe fare tutto con una mano, ma invece deve sfilare l'altro braccio che tiene sotto il collo di Marta. Adesso finalmente può accendere il fiammif...

I passanti che camminano sul viale Solferino vedono improvvisamente lassù nel buio una grande fiammata verdastra seguita dal fragore di una esplosione e da una pioggia di rottami, tegole, travi, calcinacci. Il tetto della villetta è saltato in aria come il tappo di una bottiglia e si è rovesciato come una grandinata sui platani del viale e sull'asfalto. Dalla villetta scoperchiata esce gente urlando. Una bomba. No, la caldaia del termosifone. Una fuga di gas. Un corto circuito. I vicini telefonano ai pompieri, alla polizia. Sulla strada si fermano le

---

36 nevicare: *cadere neve;* **37 la falloppa:** *(Kokon);* **38 il lampione:** *(Straßenlaterne);* **il bassotto:** *piccolo cane (Dackel);* **39 la gelosia:** *(Eifersucht);* **40 guaire:** *(winseln, jaulen);* **42 la stufetta:** *(piccolo) apparecchio usato per riscaldare;* **43 rabbioso, -a:** *pieno di rabbia, arrabbiato;* **43 staccare:** *separare;* **44 la presa:** *(Steckdose);* **45 rilassarsi:** *distendersi fisicamente e psicologicamente;* **pigro, -a:** *chi non ama agire, lavorare; contr. di attivo;* **48 sfilare:** *togliere;* **51 il buio:** *l'oscurità;* **verdastro, -a:** *che tende al verde; di un verde impuro;* **52 il rottame:** *frammento di una cosa rotta;* **53 la tegola:** *(Ziegel);* **la trave:** *(Balken);* **il calcinaccio:** *(Schutt);* **54 il tappo:** *serve a chiudere una bottiglia;* **rovesciarsi:** *qui: cadere;* **55 la grandinata:** *(Hagelschauer);* **il viale:** *grande strada alberata;* **56 scoperchiare:** *togliere la copertura;* **urlare:** *gridare (di dolore ad es.);* **la caldaia:** *(Kessel, Heizkessel);* **57 il termosifone:** *(Warmwasserheizung);* **il corto circuito:** *(Kurzschluss)*

auto e le biciclette, si forma una piccola folla. Finalmente si sentono le sirene, arrivano le autopompe e le macchine della polizia.

Raniero e Marta vengono portati via in barella, hanno scottature di primo e secondo grado per tutto il corpo, sono tutti neri come due pollastri passati sulla fiamma. Non è trascorsa nemmeno un'ora e già si incrociano le telefonate, tutta la città si mette a chiacchierare sul fatto e ci si domanda se il giorno dopo ne parlerà la «Gazzetta». I giorni seguenti si viene a sapere che il marito di lei (il famoso chirurgo) e la moglie di lui (la figlia del ricco avvocato) chiederanno la separazione. Ci sono anche i danni da pagare, il rifacimento del tetto, le lesioni ai muri della villetta. Per fortuna nessuno è rimasto ferito dalla grandinata di tegole sulla strada. Ma oltre ai danni c'è anche la vergogna da pagare, perché ride tutta la città.

Questa storia non ha riferimenti di nessun genere con la realtà e con personaggi realmente esistenti a Parma. Si tratta di una storia e di personaggi immaginari, invenzione pura. Naturalmente in città ci sono molte giovani donne che si chiamano Marta e fra queste non si può escludere che una risulti sposata con un chirurgo. In questo caso si tratta di una semplice coincidenza. Anche Raniero è un nome comune e se per caso esiste un Raniero sposato con la figlia di un avvocato, è difficile che le coincidenze possano farlo trovare, una sera d'inverno, in una mansarda della zona Solferino e che il tetto di questa mansarda sia saltato in aria per una esplosione

---

59 la folla: *massa, gente; molte persone;* **62 la barella:** *serve al trasporto di ammalati e di feriti:* **la scottatura:** *ferita provocata dal fuoco o da qc di molto caldo; (Verbrennung);* **64 il pollastro:** *pollo molto giovane;* **65 incrociarsi:** *qui: arrivano molte telefonate;* **70 il danno:** *tutto ciò che nuoce a persone o a cose;* **il rifacimento:** *la riparazione;* **71 la lesione:** *il danno; la ferita;* **74 il riferimento:** *rapporto, relazione;* **76 l'invenzione:** *creazione di fantasia;* **80 la coincidenza:** *qui: combinazione, caso*

Luigi Malerba, Una storia tutta vera

di gas. Tutto può succedere, si capisce, ma anche alle coincidenze c'è un limite. Il bassotto Topy è una mia, invenzione e per quanto si tratti di una insulsa creatura, la sua presenza è indispensabile nella vicenda. Che fine abbia fatto questo personaggio immaginario non si sa. Non mi sono curato di lui oltre i limiti fissati dalla necessità del racconto. Se poi a qualcuno rimane il dubbio che si tratti di una storia realmente accaduta e di cui ha sentito effettivamente parlare in città, può sfogliare le annate della «Gazzetta» e controllare le pagine della cronaca. Non escludo naturalmente che si trovino fatti che assomiglino a questo che ho raccontato, ma si sa che la cronaca produce somiglianze in continuazione. Sarebbe una pretesa assurda che chi inventa una storia dovesse preoccuparsi di controllare che non si siano verificati nella realtà fatti simili a quelli che ha inventato. Sia ben chiaro, la vicenda della mansarda è soltanto una mia invenzione, un desiderio pettegolo e vendicativo, ma nessuno mi obbliga a raccontare per giustificarmi anche i sentimenti personali che mi hanno spinto a scrivere. Non sarebbe questo né il luogo né l'occasione.

87 insulso, -a: *banale, non interessante;* **93 sfogliare:** *scorrere rapidamente le pagine di un libro, di un giornale senza leggere approfonditamente;* **l'annata:** *numeri (di una rivista, di un giornale) di un anno;* **95 assomigliare:** *essere simile;* **97 la pretesa:** *richiesta esagerata;* **101 pettegolo, -a:** *chi ama parlare di cose che riguardano altre persone;* **vendicativo, -a:** *chi non dimentica, chi non perdona, chi vuole vendicarsi*

Per preparare la lettura

1. Quali sono gli argomenti ricorrenti nei pettegolezzi della gente, degli abitanti di un paese o di una piccola città?

2. Che cosa pensate se uno scrittore vuole scrivere una "storia tutta vera"?

3 *Luigi Malerba, Una storia tutta vera*

Per capire il testo

1. Che cosa apprendiamo sul luogo e sui personaggi principali della storia?
2. Cosa fanno in questo racconto gli amanti per stare insieme?
3. Descrivete la serata in cui Marta arriva in ritardo.
4. Come finisce la serata per i due?
5. Quali sono gli effetti di questo avvenimento?
6. Che cosa apprendiamo sulla realtà della storia?

Come caratterizzare personaggi e i loro rapporti?

1. Caratterizzate i due personaggi principali e i loro rapporti. Potete servirvi di una parte dei vocaboli seguenti. Come sono? Come sono i loro rapporti?

   indifferente – innamorato – amante – freddo – ardente – ricco – povero – abile – astuto – furbo – inetto – incapace – capace – stupido – intelligente – inventivo – prudente – imprudente – sconsiderato – fedele – infedele – insolente – sfacciato

2. Potete anche formare e utilizzare sostantivi sulla base di una parte di questi vocaboli, per es. freddo – con freddezza, svergognato – agire senza provare vergogna ecc.

Per cercare di capire vocaboli sconosciuti

1. Quali vocaboli si nascondono in

   il commercialista
   il fiammifero
   residenziale
   benestante

Luigi Malerba, *Una storia tutta vera*

incontrare
la stradina
il viale
corteggiare
chirurgico
verdastro
la caldaia
sfilare
il rifacimento
trascorso
finalmente
sorridere
giustificare
accadere
il fatto
la pretesa
un'annata ?

2. Capite i vocaboli seguenti? Perché?

la mansarda   ricco
il chirurgo   la bomba
lo scherzo   il limite
il cliente   l'esplosione
malinconico   controllare
interpretare   l'asfalto
la fiamma   la bicicletta
la sirena   la cronaca

3. Comprendete le espressioni seguenti sulla base del contesto?

il tappo di una bottiglia (r. 54)
una stradina che fa angolo con viale Solferino (r. 21)
essere portato in barella (r. 62)

3 *Luigi Malerba, Una storia tutta vera*

i limiti fissati dalla necessità (r. 90)
mi hanno spinto a scrivere (r. 103)
avere uno studio di commercialista in città (r. 19–20)
per non guastare la serata (r. 30–31)
le lesioni ai muri della villetta (r. 70–71)

 L'operazione, la concentrazione ... Il suffisso –ione esprime uno stato o un'azione. Spiegate:

la circolazione
l'invenzione
la punizione
l'azione
la diminuzione
la concezione
l'implicazione
la corruzione

5 Formate sostantivi che esprimono un'azione o uno stato:

concentrar(si)
(essere) attento
importare
introdurre
esportare
tradurre
correggere
facilitare

4

L'amore di Don Pedro

Antonio Tabucchi

Un uomo, una donna, la passione e un'insensata rivincita sono i personaggi di questa storia. Il greto candido del fiume Mondego che attraversa Coimbra ne fu lo scenario. Il tempo, che come concetto è essenziale nella vicenda, è di scarsa importanza come misura cronologica: per dovere di cronaca dirò che si era, comunque, alla metà del secolo decimoquarto. L'antefatto partecipa del banale. Banali erano, allora, i matrimoni dettati da convenienze diplomatiche e da motivi di alleanze. Banale era il giovane principe Don Pedro che attendeva

1 insensato, -a: *che manca di buono senso; irragionevole;* **la rivincita**: *nei giochi e negli sport, la seconda partita, concessa dal vincitore all'avversario;* **2 il greto**: *la parte ghiaiosa del letto di un fiume;* **4 la vicenda**: *serie di fatti, avvenimenti;* **scarso, -a**: *insufficiente, poco;* **7 l'antefatto**: *fatto avvenuto prima, la vicenda precedente;* **8 dettare**: *prescrivere, imporre, dire ciò che un altro deve fare;* **la convenienza**: *(pl.) le norme che regolano le relazioni sociali;* **l'alleanza**: *accordo, unione*

4 Antonio Tabucchi, L'amore di Don Pedro

nel suo palazzo la promessa sposa, una nobildonna della vicina Spagna. E banalmente, come volevano consuetudine e norme, arrivò l'ambasceria nuziale: la futura sposa, le sue guardie, le sue damigelle d'onore. Oserei dire che banale fu anche che il giovane principe fosse preso d'amore per una damigella del seguito, la tenera Inês de Castro, che i cronisti e i poeti coevi, con gli stilemi dell'epoca, descrivono dall'esile collo e dalle rosee guance: banale perché, se era comune per un regnante sposare non una donna ma una ragione di stato, altrettanto comune era appagare i suoi sensi di uomo con una donna verso la quale lo spingessero motivi diversi dalla convenienza politica.

Ma il giovane Don Pedro nutriva il sentimento di una imprescindibile monogamia, e questo è il primo elemento non banale della vicenda. Acceso da un amore unico e non dimidiabile per la tenera Inês, Don Pedro contravvenne ai sottili canoni del surrettizio e alle cautele della diplomazia. Il matrimonio gli era stato imposto per motivi strettamente dinastici, ed egli vi assolse da un punto di vista strettamente dinastico: avuto l'erede che la volontà del vecchio padre esigeva, si alloggiò con Inês in un castello sul Mondego e fece di lei,

---

10 la nobildonna: *donna proveniente da una famiglia nobile;* **11 la consuetudine:** *abitudine, tradizione, uso costante;* **12 l'ambasceria:** *gruppo di persone che devono svolgere missioni diplomatiche;* **nuziale:** *matrimoniale;* **13 la damigella:** *ragazza di nobile famiglia al servizio di una principessa;* **15 il seguito:** *gruppo di persone che formano l'accompagnamento di un re ecc.;* **16 coevo, -a:** *della stessa epoca;* **lo stilema:** *elemento di stile, procedimento stilistico caratteristico di un autore, di una scuola, di un periodo storico;* **esile:** *gracile, magro, sottile;* **19 appagare:** *soddisfare, saziare;* **22 nutrire:** *dare da mangiare, alimentare;* **imprescindibile:** *necessario, che va tenuto in considerazione;* **24 dimidiabile:** *dividere qc a metà, ridurre della metà;* **25 contravvenire:** *trasgredire, violare, non osservare le regole, le leggi;* **sottile:** *fine; esile, slanciato;* **26 surrettizio:** *(vorsätzlich verschwiegen);* **la cautela:** *prudenza, circospezione (Vorsicht);* **27 imporre:** *comandare, fare rispettare;* **strettamente:** *in modo rigoroso, rigorosamente (strikt);* **28 assolse:** *pass. rem. di assolvere: portare a compimento; adempiere;* **29 l'erede:** *che acquista (per testamento) il denaro e i beni di un morto;* **esigere:** *richiedere con autorità;* **30 alloggiarsi:** *abitare*

senza matrimonio, la sua vera sposa. È il secondo elemento non banale della vicenda. A questo punto, nella figura di un impassibile carnefice, entra in scena la fredda violenza della ragione. Il vecchio re era un uomo saggio e prudente, e amava nel figlio, più che il figlio, il re che questi sarebbe stato. Radunò i consiglieri del regno ed essi gli suggerirono un rimedio che parve loro definitivo: cancellare dalla realtà l'ostacolo al buon senso dello Stato. Durante un'assenza del principe, Donna Inês fu messa a morte per ferro, come riferisce un cronista, nella sua dimora di Coimbra.
Passarono gli anni. La legittima regina era morta da tempo. Poi, un giorno, anche il vecchio padre morì, e Don Pedro fu re. La sua vendetta comincia a questo punto. Dapprima fu una vendetta crudele e nefanda, ma che appartiene ancora alla logica delle azioni umane. Con prodigiosa pazienza e notarile minuzia egli fece rintracciare dalla sua polizia gli antichi consiglieri paterni. Alcuni, già vecchi e dimessi dal loro incarico, vivevano in tranquillo ritiro, altri fu difficile raggiungerli: plausibili timori li avevano condotti fuori dal Portogallo, dove prestavano i loro servigi ad altri monarchi. Don Pedro li attese, a uno a uno, nel patio del suo palazzo. L'insonnia lo perseguitava. Certe notti si alzava e rompeva il silenzio insopportabile delle sue stanze, faceva accendere

33 impassibile: *che non si lascia vincere da un'emozione, che si mostra freddo;* **il carnefice:** *uomo che deve eseguire una condanna a morte;* **36 radunare:** *riunire, raccogliere, mettere insieme;* **37 parve:** *pass. rem. di parere;* **cancellare:** *annullare, eliminare;* **38 l'ostacolo:** *(Hindernis);* **39 il ferro:** *un elemento chimico, un metallo; (hier: Schwert);* **43 la vendetta:** *(Rache);* **44 nefando, -a:** *(ruchlos, frevelhaft);* **45 prodigioso, -a:** *miracoloso, raro, straordinario, eccezionale;* **46 notarile:** *di un notaio;* **la minuzia:** *attenzione molto precisa;* **rintracciare:** *trovare qc o qn seguendo una traccia;* **47 dimettere:** *far uscire, destituire da un ufficio;* **48 l'incarico:** *compito;* **49 plausibile:** *fondato, logico, possibile;* **50 prestare:** *dare, dare in prestito;* **51 il patio:** *cortile di ville e case di campagna spagnole o in stile spagnolo, provvisto di fontane e piante e circondato da un porticato;* **52 l'insonnia:** *impossibilità di dormire, di prendere sonno*

tutte le torce, chiamava i trombettieri e ordinava che suonassero. Il cronista del tempo che annota gli avvenimenti è prodigo di dettagli: descrive il cortile austero e spoglio, il rimbombo degli zoccoli dei cavalli sulla pietra, lo stridio dei catenacci, il grido delle guardie che annunciavano la cattura di un ricercato. Descrive anche la paziente attesa di Don Pedro, immobile a una finestra dalla quale dominava il cortile e la strada da cui sarebbero arrivate le sue vittime. Egli era un uomo alto e molto magro, con un viso ascetico e una lunga barba appuntita come un cerusico o un sacerdote, e vestiva sempre un identico mantello sull'identico giustacuore. L'esatto cronista riporta anche i dialoghi, anzi le suppliche, che i prigionieri rivolgevano al loro carnefice, e che non ebbero mai risposta: il re si limitava a fornire ragguagli di natura tecnica sul modo che riteneva più acconcio per porre fine alla vita delle sue vittime. Don Pedro era uomo non sprovvisto di ironia: per un prigioniero di nome Coelho, che in portoghese vuol dire «coniglio», scelse ad esempio una morte sulla graticola. A tutti faceva comunque squarciare il petto, ad alcuni ancora in vita, e ne faceva estrarre il cuore che gli veniva portato in un vassoio di rame. Egli prendeva

54 la torcia: *(Fackel);* **il trombettiere:** *(Trompeter, Hornist);* **55 prodigo, -a:** *che spende con eccessiva facilità; generoso;* **56 spoglio, -a:** *senza decorazioni;* **il rimbombo:** *risonanza, boato, rombo, rumore;* **57 lo zoccolo:** *(Huf);* **lo stridio:** *(Gerassel, Rasseln);* **58 il catenaccio:** *(Riegel);* **la cattura:** *prendere qn, arrestare qn;* **59 l'attesa:** *atto di attendere, di aspettare;* **63 appuntito, -a:** *a punta;* **il cerusico:** *chirurgo (nel Medioevo), (Wundarzt);* **il sacerdote:** *prete;* **64 il giustacuore:** *(Herrenüberrock);* **65 la supplica:** *preghiera per ottenere una grazia, chiedere con fervore;* **67 fornire:** *dare;* **il ragguaglio:** *informazione dettagliata;* **68 acconcio, -a:** *conveniente, utile, adatto;* **69 sprovvisto, -a (di):** *senza;* **71 il coniglio:** *(Kaninchen);* **72 la graticola:** *griglia, strumento per arrostire;* **squarciare:** *aprire con violenza;* **il petto:** *il cuore (Brust, Brustkorb, Herz);* **74 il vassoio:** *grande piatto per portare cibi e/o bevande;* **la rame:** *(Kupfer)*

l'organo ancora caldo e lo gettava alla sua muta di cani che aspettavano avidi sotto il terrazzo.

Ma la sua vendetta sanguinaria, che fa inorridire il buon cronista, fu per Don Pedro un placebo di scarsa efficacia. Il suo risentimento di uomo travolto da eventi irrimediabili non si accontentò del muscolo cardiaco di alcuni cortigiani: nella solitudine di pietra del suo palazzo egli meditò una rivincita più sottile, che non concerne il piano del pragma e dell'umano, ma quello del Tempo e della concatenazione degli eventi che sono la vita – e che in quel caso erano già stati. Egli pensò di correggere il definitivo.

Era una calda estate di Coimbra, e lungo il greto del fiume crescevano lavanda e ginestre. Le lavandaie battevano i loro panni nel rigagnolo pigro che correva come un serpe in mezzo ai ciottoli; e cantavano. Don Pedro capì che tutto – i suoi sudditi, quel fiume, i fiori, i canti, il suo stesso essere re che guardava il suo regno – sarebbe stato identico anche se tutto fosse stato diverso e niente fosse avvenuto, e che la formidabile plausibilità dell'esistenza, inesorabile come è inesorabile ciò che è reale, era più massiccia della sua ferocia, era inespugnabile dalla sua vendetta. Che cosa pensò esattamente, mentre guardava dalla sua finestra le bionde pianure

---

75 la muta: *gruppo di cani per la caccia alla volpe;* **77 sanguinario, -a:** *chi ama uccidere, chi ha istinti omicidi;* **inorridire:** *suscitare/provare orrore;* **78 il placebo:** *(Plazebo);* **il risentimento:** *reazione di sdegno, di irritazione;* **79 travolto, -a:** *preso, trascinato con sé (gepackt, mitgerissen);* **irrimediabile:** *che non ha rimedio, che non si può rimediare;* **accontentarsi di:** *essere soddisfatto di;* **80 il cortigiano:** *uomo di corte;* **81 meditare:** *concentrarsi e riflettere;* **83 la concatenazione:** *collegamento, connessione (Verkettung);* **87 la lavanda:** *(Lavendel);* **le ginestre:** *(Ginster);* **88 il panno:** *(Tuch);* **il rigagnolo:** *piccolo corso d'acqua;* **il serpe:** *il serpente;* **89 il ciottolo:** *(Kiesel);* **90 il suddito:** *cittadino di uno stato monarchico;* **93 inesorabile:** *senza pietà; qui: si dice di cosa contro cui non c'è rimedio, che è inevitabile;* **94 massiccio, -a:** *grave, pesante, compatto;* **la ferocia:** *crudeltà, inumanità, cattiveria;* **95 inespugnabile:** *che non può essere conquistato*

Antonio Tabucchi, *L'amore di Don Pedro*

del Portogallo? Quale tipo di pena lo assediò? La nostalgia di ciò che fu, può essere struggente; ma quella di ciò che avremmo voluto fosse, che avrebbe potuto essere e non fu, deve essere intollerabile. Probabilmente Don Pedro fu travolto da questa nostalgia. Nella sua incurabile insonnia, ogni notte, egli guardava le stelle: e forse le distanze siderali, gli spazi incommensurabili per il tempo umano gli dettero l'ispirazione. Forse a tale ispirazione concorse anche l'ironia sottile che con la nostalgia per ciò che non era stato gli covava nel petto. Egli meditò un piano geniale.

Don Pedro, come si è visto, era uomo di avare parole e di fermo carattere: l'indomani un bando frugale annunciava in tutto il regno una grande festa di popolo, l'incoronazione di una regina, un solenne viaggio di nozze, fra due ali di folla esultante, da Coimbra ad Alcobaça. Donna Inês fu esumata dalla tomba. Il cronista non rivela se fosse già uno scheletro spoglio o altrimenti decomposta. Fu vestita di bianco, incoronata e collocata sul cocchio regale scoperto, alla destra del re. Li trascinava una pariglia di cavalli bianchi, con grandi pennacchi colorati. Sonagliere d'argento sui musi delle bestie diffondevano ad ogni passo un suono squillante. La folla, come era ordinato, fece ala al corteo nuziale, coniugan-

97 la pena: *condanna, sanzione;* **assediare:** *circondare (con un esercito), infastidire, importunare (bedrängen);* **100 intollerabile:** *che non può essere tollerato, accettato;* **101 incurabile:** *che non può essere curato;* **102 siderale:** *delle stelle, che si riferisce agli astri (corpi celesti);* **103 incommensurabile:** *che non può essere misurato, immenso;* **105 covare:** *(ausbrüten);* **108 il bando:** *pubblico annuncio;* **frugale:** *modesto, semplice;* **109 l'incoronazione:** *cerimonia durante la quale un re riceve la corona, simbolo del potere;* **110 solenne:** *che si celebra con cerimonie;* **l'ala, le ali:** *organo che serve agli uccelli a volare;* **111 esumare:** *estrarre dalla tomba un cadavere;* **112 rivelare:** *dire qc di sconosciuto, di segreto;* **lo scheletro:** *(Skelett);* **113 decomposto, -a:** *zersetzt;* **114 il cocchio:** *carrozza signorile (Kutsche);* **115 trascinare:** *tirare con forza, condurre con forza;* **la pariglia:** *una coppia, un paio di oggetti uguali;* **116 il pennacchio:** *(Federbusch);* **la sonagliera:** *(Schellenhalsband);* **il muso:** *parte anteriore della testa degli animali;* **117 diffondere:** *far conoscere, divulgare;* **squillante:** *acuto*

do reverenza di sudditi e ripugnanza. Sono propenso a credere che Don Pedro, incurante delle apparenze, dalle quali lo difendevano del resto i poteri di una poderosa immaginazione, fu certo di viaggiare non col cadavere della sua antica amata, ma con lei vera prima che fosse morta. Si potrebbe sostenere che egli fosse sostanzialmente pazzo, ma ciò sarebbe un'evidente semplificazione.

Da Coimbra ad Alcobaça ci sono ottanta chilometri. Don Pedro tornò da solo, in incognito, dalla sua immaginaria luna di miele: ad attendere Donna Inês, nell'abbazia di Alcobaça, c'era una dimora in pietra che il re aveva fatto scolpire da un artista di fama. Davanti al sarcofago di Inês, che sul coperchio la riproduceva nella sua giovanile bellezza, i piedi contro i piedi sì che nel giorno del giudizio i loro abitanti si trovassero faccia a faccia, c'era un sarcofago analogo, con l'immagine del re.

Don Pedro dovette attendere ancora molti anni prima di prendere posto nel sarcofago che gli era riservato. Impiegò questo tempo ad assolvere il suo mestiere di re: coniò monete d'oro e d'argento, pacificò il suo regno, scelse una donna che allietasse le sue stanze; fu un padre esemplare, un compagno discreto e cortese, un limpido amministratore della giustizia. Conobbe perfino l'allegria, e dette delle feste. Ma questi mi paiono particolari trascurabili. Quegli anni, probabilmente, ebbero per lui una misura diversa dalla misura di ogni uomo. Essi furono tutti uguali, e forse tutti subito, come se fossero già trascorsi.

---

119 la ripugnanza: *avversione, disgusto, contrarietà;* **essere propenso, -a**: *che è disposto o ben disposto verso qn o qc;* **121 essere poderoso, -a**: *che ha forza; forte, potente; contr. di debole;* **124 sostenere**: *dire energicamente, affermare con convinzione;* **pazzo, -a**: *malato di mente; chi si comporta in un modo insensato;* **129 la dimora**: *casa;* **scolpire**: *fare una scultura, lavorare il marmo;* **130 di fama**: *celebre, molto conosciuto;* **il coperchio**: *(Deckel);* **135 impiegare**: *utilizzare, usare;* **136 il mestiere**: *la professione, il lavoro;* **coniare**: *produrre monete;* **137 allietare**: *rendere lieto, rallegrare;* **139 limpido, -a**: *chiaro, trasparente, pulito; qui: onesto;* **141 trascurabile**: *che può essere trascurato; irrilevante; da non tenere in considerazione*

4 *Antonio Tabucchi, L'amore di Don Pedro*

Per "entrare" nella tematica del testo

1. Quali erano le regole di matrimonio presso le famiglie reali e aristocratiche nel Medioevo?

2. Che ruolo dovrebbe avere l'amore per tutta la vita? Ci sono, secondo voi, diversi tipi d'amore? Che cosa ne pensate?

Per capire il testo

1. Quali sono le persone, il luogo e il tempo dell'azione?

2. Qual è la problematica di fondo da cui prende avvio l'azione?

3. Come si comporta Don Pedro in questa situazione?

4. Come reagisce il vecchio re?

5. Che cosa fa Don Pedro quando è divenuto re?

6. Che cosa apprendiamo sulla rivincita di Don Pedro?

7. Come reagisce Don Pedro alle suppliche dei prigionieri?

8. Il re era contento della sua rivincita?

9. "Egli meditò un piano geniale." Che cosa ne pensate? Avete un'idea di ciò che Don Pedro vuole fare?

10. Riassumete le azioni di Don Pedro.

11. Come prepara Don Pedro la sua morte?

12. Come vive il resto della sua vita? E come governa?

Per approfondire la comprensione

1. Caratterizzate il personaggio principale. Eventualmente potete servirvi di una parte dei vocaboli seguenti. (Potete anche utilizzare sostantivi formati sulla base degli aggettivi.)

Antonio Tabucchi, *L'amore di Don Pedro*

Si tratta di un testo moderno o di un testo veramente antico?

Che cosa interessa l'autore secondo voi?

Per cercare di capire vocaboli sconosciuti

Quali vocaboli si nascondono in

insensato
la rivincita
l'insonnia
appuntito
alloggiare
sanguinario
il pennacchio
il seguito
il consigliere
decomposto
la concatenazione
incurabile
rintracciare
intollerabile
l'antefatto
impassibile
la semplificazione
il cortigiano
allietare
perseguitare   ?

4 Antonio Tabucchi, *L'amore di Don Pedro*

2. Riconoscete i vocaboli seguenti? Perché?

banale	il sentimento
suggerire	la monogamia
esumare	il canone
dettare	entrare in scena
l'assenza	l'epoca
il cronista	l'onore
esatto	la nobildonna
magro	dinastico
il cadavere	il silenzio
amministrare	l'organo

3. Riconoscete le espressioni seguenti sulla base del contesto?

lungo il greto del fiume (r. 86)
radunare i consiglieri del regno (r. 36)
vivere in tranquillo ritiro (r. 48)
fare rintracciare dalla polizia (r. 46)
contravvenire ai sottili canoni (r. 26)
il buon senso dello Stato (r. 38)
essere travolta dalla sua nostalgia (r. 100)
meditare un piano geniale (r. 106)
parere particolari trascurabili (r. 140)

4. Cercate altre parole della stessa famiglia:

l'attesa
il suono
la corte
descrivere
misurare
riservare
diverso
viaggiare

tollerare
amministratore
la risposta
limitarsi

insopportabile, illegibile ... I suffissi -abile, -ibile, esprimono una possibilità; i prefissi im-, ir-, il-, in- ecc. aggiunti a queste forme esprimono un'impossibilità.

Cercate i suffissi -abile, -ibile legati con i prefissi im-, in-, il-, ir- ecc. nel testo e spiegateli.

Spiegate i vocaboli seguenti:

(im)possibile
indicibile
imbattibile
indelebile
irreprensibile
irrecusabile
irrefutabile
immutabile

Esprimete un'impossibilità:

declinare
controllare
imitare
riparare
resistere
pagare

Continuate con altri esempi.

5

Papà va in TV

Stefano Benni

È tutto pronto in casa Minardi. La signora Lea ha pulito lo schermo del televisore con l'alcol, c'ha messo sopra la foto del matrimonio, ha tolto la fodera al divano che ora splende in un vortice di girasoli. Ha preparato un vassoio di salatini, un panettone fuori stagione, il whisky albionico e l'aranciata per i bambini. Ha lustrato le foglie del ficus, ha messo sul tavolino di vetro la pansé più bella. I tre figli la guardano mentre controlla se tutto è in ordine, si tormenta i riccioli della permanente e becchetta coi tacchi sul pavimento tirato a cera. Non l'avevano mai vista in casa senza pantofole.

Anche i tre figli sono pronti.

Patrizio, dodici anni, è sul divano con la tuta da ginnastica preferita, rosso fuoco, e un cappellino degli Strozzacastori di Minneapolis.

Lucilla, sette anni, ha un pigiama con un disegno di triceratopini e tiene in braccio una Barbie incinta.

Pastrocchietto, due anni, è stato imprigionato tra il seggiolone e una tuta superimbottita che gli consente di muovere solo

---

1 lo schermo: *la parte del televisore dove si vede l'immagine;* **3 la fodera**: *(Überzug);* **4 il vortice**: *(Wirbel);* **il girasole**: *(Sonnenblume);* **il vassoio**: *grande piatto per portare cibi e/o bevande;* **i salatini**: *biscotti salati;* **5 albionico, -a**: *(spreg.) inglese;* **6 lustrare**: *pulire e rendere lucente;* **il ficus**: *(Gummibaum);* **7 la pansé**: *(=la pensée) (Stiefmütterchen);* **8 tormentare**: *molestare, infastidire;* **il ricciolo**: *(Locke);* **9 la permanente**: *(Dauerwelle);* **becchettare**: *qui: battere;* **il tacco**: *rialzo sulla parte posteriore di una scarpa (Absatz);* **il pavimento**: *(Boden);* **10 la cera**: *((Bohner-)Wachs);* **12 la tuta**: *indumento composto per lo più da un solo pezzo per lo sport, il lavoro ecc.;* **15 il triceratopino**: *piccolo dinosauro;* **16 incinta**: *chi aspetta un bambino;* **17 imprigionato, -a**: *qui: bloccato;* **il seggiolone**: *sedia alta per bambini;* **18 superimbottito, -a**: *(voll gepolstert)*

tre dita e un cucchiaio-protesi. È stato drogato con sciroppo
alla codeina perché non rompa.
Suonano alla porta. È la vicina di casa, Mariella, col marito
Mario, hanno portato i cioccolatini e il gelato che va subito in
freezer se no si squaglia.
Mario, in giacca e cravatta per l'occasione, saluta i bambini e
stringe con energia la mano a Patrizio.
- Allora, campione, contento del tuo papà?
- Insomma... - fa Patrizio.
- Che bella pettinatura - dice Mariella a Lea - ci siamo fatte
belle eh, oggi? Già, non è un giorno come tutti gli altri.
- In un certo senso... fa Lea.
- A che ora è il collegamento televisivo?
- Tra cinque minuti, più o meno.
- Allora possiamo accendere.
- Il telecomando lo tengo io - dice Lucilla.
- Lucilla non fare la prepotente.
- Papà me lo fa sempre tenere...

In quello stesso momento anche il signor Augusto Minardi è
emozionato. Ha consumato un'ottima cena a base di risotto
al tartufo, e cerca di rilassarsi sdraiato su una brandina.
- Spero di fare bella figura - pensa.
- Tra cinque minuti tocca a lei - dice una voce fuori dalla
stanza.
- Maledizione - pensa il signor Minardi - mi sono dimenticato
di lavarmi i denti. Chissà se in televisione si vede.

19 lo sciroppo: *(Sirup)*; **20 la codeina:** *medicina che calma la tosse;* **23 il freezer:** *parte del frigorifero dove la temperatura è molto bassa;* **squagliarsi:** *sciogliersi la neve si squaglia al sole;* **28 la pettinatura:** *modo di riordinare i capelli;* **31 il collegamento:** *atto e effetto di collegare due cose; trasmissione diretta, contatto diretto;* **35 prepotente:** *che vuole imporsi sugli altri con la forza e l'arroganza;* **39 il tartufo:** *(Trüffel);* **rilassarsi:** *riposarsi, fare relax;* **sdraiato, -a:** *disteso;* **la brandina:** *(Feldbett, Liege)*

45 - Non ho invitato la portinaia - dice la signora Lea, masticando un gianduiotto - ma mica per una questione di classe sociale, figuriamoci, è che è una gran pettegola, e magari va a raccontare tutto quello che succede qua stasera. In certi momenti, ci si fida solo degli amici più intimi.
50 Mariella le prende la mano affettuosamente.
- Hai fatto bene - dice - poi ad Augusto non è neanche simpatica.
- L'avresti mai detto, campione, che un giorno avresti visto il tuo papà in televisione? - dice Mario, sedendosi sul divano
55 vicino a Patrizio.
- Veramente no...
- Ma papà c'è già stato una volta - dice Lucilla - era nel corteo di una manifestazione, però si è visto un momento solo, e in più pioveva ed era mezzo coperto dall'ombrello.
60 - Sì, sì, mi ricordo - dice Mario – c'ero anch'io al corteo.
- Tu ci sei mai andato in televisione? - chiede Patrizio.
- Io no, ma mio fratello sì. L'hanno ripreso con le telecamere-spia mentre faceva a botte allo stadio, più di due minuti s'è visto, con la bandiera in mano, peccato che ne prendesse un
65 sacco, quel pirla...
- Quel pilla... ride Pastrocchietto scucchiaiando.
- Mario ti prego, modera il linguaggio! Proprio oggi - dice la moglie severa.

45 masticare: *schiacciare con i denti (per mangiare o per una gomma da masticare);* **46 il gianduiotto:** *cioccolatino (di pasta molle alla nocciola);* **47 il pettegolo, la pettegola:** *persona che parla molto dei fatti altrui;* **57 il corteo:** *fila di persone che sfilano o accompagnano qn in una dimostrazione, cerimonia o manifestazione;* **62 la telecamera-spia:** *(unsichtbare Telekamera);* **63 fare a botte:** *picchiarsi, battersi;* **64 un sacco:** *un gran numero, molto;* **65 il pirla:** *(vulg.) persona sciocca, stupida;* **66 scucchiaiare:** *fare rumore con i cucchiai (quando si mangia)*

Il signor Augusto percorre il lungo corridoio, verso la sala con la luce rossa. Proprio in fondo, vede una telecamera che lo sta inquadrando.
- Siamo già in onda? - chiede.
- No - dice l'accompagnatore - sono riprese che magari monteranno dopo...
- Ma guarda. Come gli spogliatoi, prima della partita.
- Più o meno è così - sorride l'altro. - Ecco, ora siamo in diretta.

L'apparizione sullo schermo di Augusto ha causato un grande applauso e anche qualche lacrima, in casa Minardi.
Patrizio non riesce a star fermo e salta sul divano. Lucilla mordicchia la Barbie. La signora Lea ha gli occhi lucidi.
- Guarda com'è tranquillo - dice la Mariella - sembra che non abbia fatto altro tutta la vita. È persino bello.
- Sì. Si è pettinato all'indietro, come gli avevo detto.
- Mi sa che riceverà un sacco di lettere di ammiratrici - dice Mario. La moglie lo rimprovera con lo sguardo.
- Ecco, si siede. Guarda che bel primo piano.
- Vecchio Augusto! - dice Mario un po' commosso - chi l'avrebbe mai pensato!
- Oh no - dice Mariella - la pubblicità proprio adesso.

- Sono in onda? chiede Augusto.
- In questo momento no - dice il tecnico - ci sono trenta secondi di pubblicità. Poi ci sarà lo speaker che ci annuncia,

---

71 inquadrare: *riprendere una persona con la macchina da presa (in televisione o quando si gira un film);* **72 essere in onda:** *essere trasmesso per radio o televisione;* **75 lo spogliatoio:** *stanza dove gli sportivi o gli allievi si cambiano;* **80 mordicchiare:** *mordere leggermente;* **lucido, -a:** *qui: pieni di lacrime perché si è commossa;* **82 persino:** *(variante di perfino) addirittura; introduce ciò che si considera come limite estremo;* **83 pettinarsi:** *mettere in ordine i capelli con il pettine;* **85 rimproverare:** *(Vorwürfe machen);* **lo sguardo:** *il guardare, l'occhiata;* **87 essere commosso:** *essere emozionato, essere agitato*

poi tre minuti che servono a noi per preparare tutto, poi si comincia. Emozionato?

- Beh, certamente. Lei no?

- Non più di tanto. È il mio lavoro - sorride il tecnico.

La pubblicità è finita. Appare sullo schermo il volto compunto dello speaker.

- Cari telespettatori, siamo collegati in diretta con il carcere di San Vittore per la ripresa della prima procedura giudiziaria terminale del nostro paese. È un'occasione forse triste per alcuni, ma assai importante per la nostra crescita democratica. In questo momento vedete il condannato, Augusto Minardi, seduto in quella che si può definire l'anticamera della sala terminale. Qui gli verrà fatta un'iniezione calmante, prima della procedura.

- Oddio - dice la Lea.

- Cosa c'è?

- Augusto ha una paura matta delle punture...

È proprio necessario? - chiede Augusto al medico.

- È meglio. La intontirà un po', così non si accorgerà di niente...

- Preferisco di no. Posso rifiutare?

- Non posso obbligarla - dice il medico alzando le spalle.

- Guardi però che se là dentro si mette a smaniare, la brutta figura la fa lei...

- No - insiste Augusto - la puntura no.

97 compunto: *umile; che mostra reverenza;* **102 la crescita:** *lo sviluppo (positivo);* **104 l'anticamera:** *stanza che precede quella di ricevimento;* **105 calmare:** *rendere calmo, tranquillizzare;* **109 la puntura:** *iniezione;* **111 intontire:** *far diventare stupido, stanco;* **114 le spalle:** *(Schultern), alzare le spalle: gesto che mostra la mancanza di interesse o l'inutilità;* **115 smaniare:** *agitarsi, desiderare qc a tutti i costi*

- E ora dovrebbe esere pronta la scheda preparata dal nostro Capacci, sulle varie fasi che hanno portato a questo giorno fatidico - dice lo speaker.
"Augusto Minardi, 50 anni, ex operaio tessile disoccupato da tre anni, incensurato, la mattina del 3 luglio dell'anno scorso irrompe in un supermercato della periferia di M. armato di pistola. Vuole rapinare l'incasso. Ma la cassiera aziona il segnale di allarme. Irrompe l'agente di guardia. C'è una breve sparatoria al termine della quale restano al suolo tre persone: la guardia giurata, Fabio Trivella, 43 anni, la cassiera Elena Petusio, 47 anni, e il pensionato Roberto Aldini di 76 anni."
- Non vale - dice Lea - quello è morto d'infarto.
- Sì - dice Patrizio - ma c'è anche il fattorino...
"L'agente e la cassiera sono deceduti per le ferite riportate, il pensionato per infarto. Il Minardi tenta la fuga, ma gli sbarra la strada il fattorino Nevio Neghelli, di ventitré anni, che viene colpito non gravemente."
- Adesso sì che ci siamo - dice Patrizio.
"Il Minardi viene catturato poco dopo dentro una sala videogiochi. Il processo viene celebrato due mesi dopo per direttissima e il Minardi è condannato all'ergastolo. Ma in seguito al nuovo decreto legge del 16 ottobre, la pena viene commutata in terminazione mediante sedia elettrica."
- Era la scheda del delitto - spiega lo speaker - e ora vi presento gli ospiti che animeranno il nostro dibattito durante e dopo la procedura. Abbiamo anzitutto padre Cipolla, gesuita e sociologo.

---

118 la scheda: *in televisione: sintesi di una situazione o profilo biografico di un personaggio;* **120 fatidico, -a:** *fatale, decisivo;* **121 tessile (agg.):** *(Textil-);* **disoccupato, -a:** *senza lavoro, che ha perduto il suo lavoro;* **122 incensurato, -a:** *che non ha ancora ricevuto condanne penali;* **123 irrompere:** *entrare con forza;* **124 rapinare:** *rubare con forza;* **l'incasso:** *somma ricevuta;* **136 catturare:** *prendere e arrestare;* **137 per direttissima:** *subito;* **138 l'ergastolo:** *il carcere a vita;* **139 commutare:** *cambiare;* **140 la terminazione:** *qui: eliminazione, morte*

5 *Stefano Benni, Papà va in TV*

- Buonasera.
- L'opinionista televisivo Girolamo Schizzo.
- Buonasera.
- Ehi - salta su Patrizio - ma è Schizzo, proprio lui.
- Non mi piace, è così volgare - dice la Lea.
- Però è uno dei più seguiti - commenta Mario.

- Poi abbiamo il senatore Carretti dell'opposizione, che ha presentato numerosi emendamenti a questo decreto legge, e al suo fianco lo scrittore e regista di film horror Paolo Cappellini e l'attrice Maria Vedovia...
- Buonasera, buonasera, buonasera...
- E per finire, il ministro che ha firmato il decreto legge, l'onorevole Sanguin.
- Buonasera.
- Che faccia da stronzo - commenta Mario.
- Mamma, perché non fanno più vedere papà?
- Lucilla, zitta e smetti di mangiare tutti quei gianduiotti.
- Accia 'a stronzo - dice Pastrocchietto.

- L'ho legata troppo stretta? - chiede il tecnico.
- No, no, va benissimo - risponde Augusto.
- Se vuole un consiglio, quando arriva la scarica, tenga la testa giù. Così non si vedono le smorfie...
- Le cosa?
- Le smorfie...
- Ma io vorrei che a casa mi vedessero bene.

146 un opinionista: *autore di articoli giornalistici e di commenti;* **152 un emendamento:** *correzione, modificazione di un testo;* **156 firmare:** *sottoscrivere, mettere la propria firma (nome e cognome);* **159 lo stronzo:** *(volg.) persona scorretta, stupida, incompetente;* **163 stretto, -a:** *contr. di largo;* **165 la scarica:** *passaggio di corrente elettrica (Entladung);* **166 la smorfia:** *la contrazione del viso per dolore (o per gioco)*

Stefano Benni, Papà va in TV

- Io - dice il senatore - vorrei dire come prima cosa che sono contrario a quest'uso della diretta.
- E allora cosa ci fa qui, sepolcro imbiancato? - urla Schizzo.
- Come al solito lei e quei porci parassiti del suo partito vi attaccate agli avvenimenti, ma non volete pagar dazio...
- Lei si calmi e rispetti la gravità del momento, cialtrone...
- Cialtrone sarà lei, pezzo di merda...
- Per favore per favore - interviene padre Cipolla.
- Vorrei richiamarvi alla solennità dell'evento - dice lo speaker - e a tal proposito vorrei fare una domanda al regista Cappellini. Schizzo e Carretti per favore, un po' di silenzio. Lei Cappellini, sarebbe mai riuscito a immaginare uno scenario simile? Voglio dire, se per esempio dovesse pensare a un attore per la parte di Minardi, chi sceglierebbe?
- Ma, non so... forse, visto che è un tipo così sanguigno... non sarebbe male Depardieu...

- Hai sentito - dice Mariella, tutta eccitata – l'ha paragonato a Depardieu! Non sei contenta?
- Beh sì, è un bell'uomo ma non so se gli somiglia davvero... - dice Lea, timida.
Squilla il telefono.
- Mamma- dice Lucilla - è un giornalista. Chiede che cosa stiamo provando in questi momenti...
- Zitta, stanno inquadrando papà - dice Lea senza prestarle attenzione.

---

172 il sepolcro: *costruzione dove si seppelliscono i morti, tomba;* **imbiancare:** *rendere bianco;* **173 il porco:** *(Schwein);* **il parassita:** *che vive a spese di un altro, che sfrutta il lavoro altrui;* **174 il dazio:** *(Zoll; Abgabe);* **175 il cialtrone:** *persona impertinente, volgare, incompetente;* **176 pezzo di merda:** *(volg.) persona spregevole, scorretta;* **178 la solennità:** *l'essere solenne; ricorrenza che viene celebrata in modo solenne, festa, festività;* **179 a tal proposito:** *per ciò che riguarda questo tema;* **186 paragonare:** *comparare, mettere a confronto due cose;* **188 somigliare:** *avere elementi identici o simili;* **190 squillare:** *suonare (telefono)*

Stefano Benni, Papà va in TV

195 - E per la parte femminile? - dice lo speaker. - Lei, signorina Vedovia, se la sentirebbe di fare la parte della moglie?
- Beh, è una bella parte, molto drammatica... certo, bisognerebbe invecchiarmi molto col trucco.
- "Molto" lo dici tu, brutta troia - dice Mariella.
200 - Non fa niente, non fa niente - dice Lea conciliante.
- E di me non parlano? - dice Patrizio. - Io vorrei che la mia parte la facesse Johnny Depp.
- Sì, e io Gary Cooper - ride Mario.
- Uper - dice Pastrocchietto.
205 - In questo momento siamo davanti alla televisione e mangiamo i gianduiotti e dopo c'è anche il gelato - sta dicendo Lucilla al telefono. - Quali gusti? Non so, vuole che vada in freezer a vedere?

- Ed eccoci al momento che voi tutti attendete - dice lo speaker.
210 Vedete la sedia, lo stesso modello in uso nei penitenziari americani. Ecco inquadrato il tecnico, signor Grossmann, che ha già eseguito dodici esecuzioni capitali nel Texas e in Alabama.
- Ma lei parla benissimo italiano - dice stupito Augusto.
215 - Mia madre è italiana - risponde Grossmann.
- Vedete che sta parlando con il condannato. Del resto, parla benissimo italiano, perché sua madre è di Matera. Non so se in questo momento è possibile farlo venire al microfono, credo di no, perché lo vedo molto occupato. Ora un ultimo
220 stacco pubblicitario e poi avrà inizio la procedura terminale.
- Chiamatela pure col suo nome: esecuzione! - dice Carretti.
- E lui lo vogliamo chiamare assassino, sì o no? - grida Schiz-

---

198 invecchiarsi: *diventare vecchio;* **il trucco:** *inganno, (Make-up);* **199 la troia:** *(volg.) femmina del maiale; prostituta;* **220 lo stacco:** *intervallo, mancanza di continuità;* **222 un assassino:** *uomo che uccide un altro, criminale*

zo. - La vogliamo smettere con questa pietà pelosa, cialtrone opportunista?
- Guitto sanguinario...
- Moralista da operetta!
- Pubblicità.

- Lo ha chiamato assassino - piange Lea.
- Beh, ma sai, così nella foga della diretta - la consola Mariella.
- Beh, sparare ha sparato, in fondo - dice Patrizio - e ha anche vinto.
- Vinto in che senso? - dice Mario.
- Beh, in senso western...
- Allora sicuramente limone, cioccolato e crema. Poi una cosa che non so se è yogurt o fiordilatte - dice Lucilla al telefono.

- Ci siamo - dice il tecnico. - Guardi che adesso lei è ripreso in primo piano. Tenga la testa un po' inclinata e respiri lentamente. Vedrà, non sentirà nulla. Come una piccola puntura.
- Oddio, no - sbianca Augusto.
- No, no, come volare giù da un sesto piano.
- Così va meglio - dice Augusto - sono pronto.
- Questo è un momento importante della democrazia televisiva - dice lo speaker. - Volevamo fornirvi i dati di audience dopo la procedura, ma sono così strabilianti che li rendiamo noti subito. In questo momento, sedici milioni di persone sono collegate alla nostra trasmissione.
- Mamma mia - dice Mario - come Italia-Germania.

223 peloso, -a: *che è coperto di peli (i peli del corpo ≠ i capelli sulla testa);* **225 il guitto:** *(Schmierenkomödiant);* **sanguinario:** *che, chi per natura è portato a ferire o a uccidere;* **229 la foga:** *ardore, passione, slancio;* **235 il fiordilatte:** *tipo di formaggio molle; gusto di gelato;* **237 inclinato, -a:** *(schräg, geneigt);* **240 volare:** *gli uccelli volano;* **243 fornire:** *dare (ciò che è stato ordinato o desiderato);* **244 strabiliare:** *far meravigliare, stupire*

5. Stefano Benni, Papà va in TV

- Guarda com'è tranquillo - dice Mariella - sembra che stia al cinema.
- No no, io lo conosco, sembra tranquillo, ma è emozionato dice Lea.
- Io ho cinque anni... sì, papà è sempre stato buono con me... come dice? Beh, forse una volta o due... sì con la cinghia sul sedere, ma non forte... - dice Lucilla al telefono.

- Siamo al momento tanto atteso. Schizzo e Carretti, silenzio per favore, qualcuno li separi! Vedete il volto del condannato. Un volto mediterraneo. Il volto di uno come noi. Si è rasato. Ha cenato un'ultima volta: risotto col tartufo e vino bianco. E ora è qui, davanti alla sua e alla nostra coscienza. Il tecnico sta avviando il conto alla rovescia. Potete vedere i secondi scorrere in alto sul video. Siamo a meno quindici secondi. Ricordiamo che, chi vuole, fa ancora in tempo a spegnere il televisore. È vostra facoltà assistere o no: questa è la democrazia. Siamo a otto secondi... Osservate bene le luci sopra la sedia. Quando si accenderanno tutte e tre, vorrà dire che la scossa è partita. Meno tre secondi... due... uno.

- Signor Grossmann, ora che ci stiamo rilassando e tutto è andato bene, come definirebbe questa esecuzione?
- Beh, direi... normale... il condannato ha mostrato una certa tranquillità...
- Bravo papà - grida Patrizio.
- Bavo - dice Pastrocchietto battendo il cucchiaio.

253 la cinghia: *(Gürtel);* **260 il conto alla rovescia:** *(Countdown);* **261 scorrere:** *passare*

Stefano Benni, Papà va in TV

- Vecchio Augusto - dice commosso Mario, buttando giù un sorso di whisky – chi l'avrebbe mai detto? ...che forza... mi ricordo una volta a pesca, si conficcò l'amo in un braccio...
- Mario, per favore - dice Mariella, che tiene tra le braccia la testa di Lea.
- Mio fratello sta facendo dei salti sul divano, il signor Mario sta bevendo il whisky, la mamma piange con la testa sulle ginocchia della signora Mariella. Molto? Sì, mi sembra che pianga molto. Io? Io sto al telefono con lei, no? Sì, mi chiamo Lucilla, mi raccomando con due elle, non Lucia, che a scuola si sbagliano sempre...

274 il sorso: *piccola quantità di un liquido che si beve in una volta;* **275 la pesca:** *il pescare;* **conficcare:** *far penetrare una cosa (aguzza) in un'altra;* **un amo:** *(Angelhaken)*

Per preparare la lettura

1. Cercate in gruppo vocaboli (sostantivi, aggettivi, verbi ecc.) che si riferiscono alla televisione.

2. Come vedete le trasmissioni televisive? In famiglia, con i vicini, con gli amici?

Per capire il testo

1. Descrivete la famiglia Minardi. Che cosa sta facendo?

2. Chi arriva? E perché?

3. Che cosa apprendiamo sul signor Minardi?

4. Quali sono i punti importanti della conversazione in casa Minardi?

5. Qual è il tema della conversazione fra Augusto, l'accompagnatore e il tecnico?

5 Stefano Benni, Papà va in TV

6 Che cosa dice lo speaker ai telespettatori?

7 E a che cos'altro possono assistere i telespettatori?

8 Qual è il tema dei partecipanti alla discussione?

9 Che cosa prova la famiglia sentendo i commenti degli ospiti della trasmissione?

10 Quali sono le informazioni che alla fine lo speaker dà ai telespettatori?

11 Qual è la reazione delle persone all'esecuzione in diretta?

12 Con chi parla Lucilla alla fine?

Per rileggere rapidamente il racconto

Come costruisce l'autore il testo? Tenete conto della sequenza delle scene e indicate sempre il luogo dove si svolgono.

Per approfondire la comprensione

1 A che cosa fa pensare il titolo e l'inizio del racconto? Perché?

2 In quale punto vi siete accorti di cosa si tratta?

3 Che cosa pensate della condanna? È possibile secondo le nostre leggi?

4 Come si parla della condanna? Viene indicata col suo nome, con termini esatti?

5 Che cosa è importante per i personaggi del racconto?

6 Quale potrebbe essere secondo voi l'obiettivo dell'autore?

Stefano Benni, Papà va in TV

Per cercare di capire vocaboli sconosciuti

Quali vocaboli si nascondono in

i salatini
i cioccolatini
il collegamento
inquadrare
smettere
imbiancato
l'incasso
sanguinario
seggiolone
somigliare
imprigionato
la beccata
scucchiaiare
la crescita
scaricare
invecchiare
il vassoio
scorrere
disoccupato
il proposito   ?

Conoscete certamente i vocaboli seguenti. Perché?

il divano   l'infarto
drogato   lo sciroppo
il freezer   il televisore
emozionato   la procedura
il pigiama   il parassita
le pantofole   il pensionato

5 Stefano Benni, Papà va in TV

Cercate nel testo altri vocaboli che possano essere capiti conoscendo altre lingue.

3 Spiegate sulla base del loro contesto i vocaboli seguenti:

lo schermo del televisore (r. 1–2)
deceduto per le ferite (r. 131)
il telefono squilla (r. 190)
il conto alla rovescia (r. 260)
se no si squaglia (r. 23)
sbarrare la fuga a qualcuno (r. 132–133)
firmare la legge (r. 156)
pettegolare (r. 47)
irrompere in un supermercato (r. 123)
rapinare l'incasso (r. 124)
fornire i dati (r. 243)

4 Per riconoscere il significato dei vocaboli o delle espressioni seguenti tenete conto della combinazione delle parole:

il girasole
la telecamera-spia
la terminazione
l'opinionista televisivo
il telecomando
il giorno fatidico
spegnere il televisore
il fiordilatte

6

Una ragazza tutta grigia

Luigi Malerba

Io sono la ragazza vestita di grigio che compare sulla sinistra del teleschermo ogni venerdì sera nella pubblicità delle caramelle «Multigust». L'altra ragazza, quella che sta sempre sulla destra del teleschermo, quella che ha i vestiti colorati e i fiocchetti nei capelli come uno spaventapasseri, è una tale che non conosco, so soltanto che ha recitato per il cinema porno, quello che chiamano hardcore, e si è messa a fare la pubblicità alle caramelle per fare pubblicità a se stessa. Gli attori devono in ogni modo e in ogni occasione far vedere la loro faccia altrimenti il pubblico se li dimentica e addio carriera. Anche le gambe contano, si capisce, ma conta di più la faccia. Se fate vedere al pubblico soltanto le gambe di una attrice famosissima, nessuno le riconosce. Le gambe possono essere belle o brutte ma non hanno personalità.

Quando mi hanno proposto di fare la pubblicità alle caramelle «Multigust» ho accettato subito con entusiasmo non soltanto per i soldi, ma perché sarei comparsa in televisione una volta alla settimana per la durata di sei mesi in un'ora di punta, subito prima del telegiornale. Milioni e milioni di spettatori. Ho firmato il contratto per un mese di lavorazione

1 grigio, -a: *un colore (fra il bianco e il nero);* **comparire:** *mostrarsi;* **2 il teleschermo:** *parte di televisore dove si vedono le immagini;* **4 il fiocchetto:** *(kleine Schleife);* **5 lo spaventapasseri:** *fantoccio che si mette in mezzo ai campi per spaventare gli uccelli;* **8 la caramella:** *(Bonbon);* **l'attore/l'attrice:** *(Schauspieler/in);* **13 famoso, -a:** *chi ha grande fama; molto conosciuto;* **15 proporre:** *fare una proposta;* **18 la durata:** *il tempo in cui si svolge qc;* **l'ora di punta:** *qui: momento della giornata in cui la televisione è maggiormente vista;* **19 il telegiornale:** *le notizie alla televisione;* **20 firmare:** *mettere la propria firma (nome e cognome), sottoscrivere*

e con i soldi dell'anticipo ho pagato la prima rata del televisore a colori.

La sera che hanno trasmesso per la prima volta la mia pubblicità ho invitato due amiche. Ero piuttosto nervosa e aspettando la trasmissione ho mangiato un sacchetto di caramelle «Multigust» che sono buone anche se mi dicono che contengono molti coloranti. E adesso vengo al dunque, cioè al mio problema. Quando mi sono vista stampata lì sul video sono rimasta di sasso. Erano grigi non soltanto i vestiti, ma ero grigia anche in faccia e erano grigie anche le gambe. Non so come hanno fatto e che razza di trucchi hanno usato, ma se sapevo così credo che non avrei accetttato, oppure mi sarei fatta pagare il doppio. In ogni caso non avrei speso i soldi per comprare il televisore a colori, andava benissimo anche quello in bianco e nero. Credo che abbiano usato delle luci speciali durante le riprese o non so che altro, ma l'effetto era proprio schifoso. Naturalmente nella pubblicità io sono quella che non mangia le caramelle «Multigust» mentre l'altra, la ragazza colorata, mangia caramelle in continuazione.

Per prima cosa ho pensato di fare causa per danni alla società che produce le caramelle, ma poi le due amiche che stavano con me quella sera mi hanno spiegato che se una attrice si fa la nomea di piantagrane è la fine, non la fanno lavorare mai più perché le società sono tutte collegate fra loro e si passano la voce anche se sono concorrenti. Ho detto prima che gli

21 i soldi dell'anticipo: *i soldi pagati prima della scadenza normale;* **la rata:** *parte del pagamento che si effettua in più volte;* **23 trasmettere:** *far arrivare, mandare da un luogo a un altro (senden);* **27 il colorante:** *colore per cibi;* **28 stampare:** *(drucken);* **29 rimanere di sasso:** *essere profondamente sorpreso, stupito;* **31 la razza:** *il tipo;* **il trucco:** *(Trick);* **36 la ripresa:** *il riprendere con la telecamera (cinema o TV);* **37 schifoso, -a:** *pessimo, bruttissimo, scadente;* **40 fare causa:** *fare un processo;* **il danno:** *(Schaden);* **43 la nomea:** *la fama, la rinomanza;* **43 il piantagrane:** *persona pedante che solleva questioni anche su fatti di poca importanza*

attori devono far vedere la loro faccia, ma se per disgrazia un produttore accende la televisione e mi vede così grigia dalla faccia ai piedi, la prima cosa che cercherà di fare è di dimenticarmi per sempre. Non mi davo pace, io sono ribelle per natura. Il giorno dopo ho telefonato a un avvocato che conosco perché ci sono andata a letto, ma anche lui mi ha consigliato di stare zitta. Intanto, mi ha detto, come si fa a stabilire l'entità del danno dal momento che non hai mai fatto l'attrice e non hai una tua quotazione? Parlava di quotazione come se fossi una industria. Insomma il danno e la beffa, come al solito. E poi, ha detto per consolarmi, non è escluso che tutto quel grigiore non attiri l'attenzione di qualche produttore. Magari. Invece sono già quattro mesi che compaio sul video una volta alla settimana e non mi è arrivata nemmeno una mezza proposta di lavoro, nemmeno una telefonata, niente, nientissimo.

La ragazza che ha fatto insieme a me la pubblicità per le caramelle «Multigust» indossa un vestito a fiori grandi così, un fazzoletto di seta lucida color arancione intorno al collo, le calze a rombi viola, le scarpe di raso verde e poi ha le labbra e le unghie dipinte di rosso, dipinti anche i pomelli delle guance, le ciglia e le sopracciglia, sembra la Festa dell'Unità. Beata lei perché con tutti quei colori addosso fa allegria anche se è un po' ridicola. Però è meglio essere ridicoli piuttosto che

46 per disgrazia: *per un caso spiacevole;* **52 stare zitto, -a:** *tacere, non parlare, essere silenzioso;* **54 la quotazione:** *livello di valore, di valutazione; grado di considerazione e di stima di cui qn gode in relazione alla sua attività;* **55 la beffa:** *(Streich, Posse);* **come al solito:** *per lo più, abitualmente;* **56 consolare:** *sollevare da un dolore morale, confortare;* **60 la proposta:** *consiglio (Vorschlag);* **63 indossare:** *mettere, infilare (vestiti);* **64 la seta:** *(Seide);* **65 il rombo:** *(Raute, Rhombus);* **il raso:** *(Atlasstoff);* **66 l'unghia:** *(Finger-, Zehennagel);* **il pomello:** *(Teil der Wange, Wangenbein);* **la guancia:** *(Wange, Backe);* **67 il ciglio:** *(Lid);* **il sopracciglio:** *(Braue);* **67 la Festa dell'Unità:** *festa del partito DS (Democratici di Sinistra);* **68 addosso:** *su, sulla persona, su di sé*

6
Luigi Malerba, Una ragazza tutta grigia

grigi e deprimenti. Essere deprimente per una ragazza che vorrebbe fare l'attrice come me è la peggiore disgrazia del mondo. Nell'idea dei pubblicitari i colori dell'altra ragazza corrispondono ai colori delle caramelle «Multigust», limone fragola ciliegia ananas caffè arancia ribes mandarino cedro eccetera eccetera. Lo dirò alle femministe che qui hanno inventato la donna-caramella. Il grigio invece vuole essere il marchio di quelli che non mangiano le loro caramelle e quindi vivono una vita grigia, poveretti, perché non partecipano alle gioie dei sapori e colori delle «Multigust». Ma io sono capace un giorno o l'altro di fare una conferenza stampa e di dire che le loro caramelle sono colorate con i coloranti artificiali, così li sputano una volta per tutte.

I vestiti che ho indossato per la pubblicità, alla fine della lavorazione me li hanno regalati, tanto non sapevano di che cosa farsene. Sono vestiti di stoffe molto buone e di ottima fattura perchè vengono da una grande sartoria, di quelle che lavorano per il cinema e la televisione e sono abituate a vestire anche gli attori famosi. Con quel che costano i vestiti non potevo certo permettermi di rifiutarli, anche se per un momento ho avuto la tentazione di dargli uno schiaffo morale a quegli spilorci. Così da alcuni mesi vado in giro vestita di grigio. Il risultato è che i vestiti mi hanno comunicato il loro grigiore, sono diventata triste, non rido quasi mai e gli amici si domandano che cosa mi sia successo. Niente, dico io, sono triste e basta.

71 la disgrazia: *evento dannoso, spiacevole; sfortuna*; **72 il pubblicitario**: *chi si occupa di pubblicità*; **74 ribes**: *(Johannisbeere)*; **76 il marchio**: *segno*; **78 poveretto, -a**: *misero, infelice*; **79 il sapore**: *gusto (Geschmack)*; **82 sputare**: *(spucken)*; **84 regalare**: *fare un dono*; **86 la fattura**: *lavorazione (Machart)*; **di buona fattura**: *ben fatto*; **la sartoria**: *(Schneiderei)*; **89 rifiutare**: *non accettare*; **90 lo schiaffo**: *un colpo dato con la mano sulla faccia; umiliazione*; **91 lo spilorcio**: *chi è molto avaro*; **andare in giro**: *fare una passeggiata*

Luigi Malerba, Una ragazza tutta grigia

Certe sere me ne sto a casa da sola perché non ho voglia di vedere nessuno e così mi metto seduta nella poltrona o sdraiata sul letto a pancia in giù e piango pensando a tutte le mie tristezze. Uno potrebbe dire ma perché non butti via quei vestiti grigi? Intanto sono contraria agli sprechi. E poi non l'ho capito subito che il grigio aveva questo effetto deprimente, e ormai è troppo tardi. Qualche sera fa mi è venuto voglia di buttarmi giù dalla finestra. Certe idee ti entrano nel corpo e nella mente senza che te ne accorgi e così ridendo e scherzando, cioè piangendo, rischi di trovarti sfracellata sul marciapiedi.

Veramente quando riesco a rimettere in equilibrio la testa so di essere carina e sono sicura che un giorno o l'altro ritornerò allegra e spiritosa com'ero prima, ma poi mi rimetto a piangere e piango per delle ore di seguito, come una fontana. A forza di piangere divento sempre più triste. L'altra notte mi sono svegliata che piangevo nel sonno, il cuscino era tutto fracico. Questo non era successo mai da quando mi conosco. Non c'è niente da fare, dal giorno che ho incominciato a vestirmi di grigio è diventata grigia anche la mia vita e, quello che è ancora peggio, mi sto affezionando alla mia depressione, alla mia tristezza, e ormai sono angosciata anch'io come tutte le mie amiche. Ho una voglia matta di andare dallo psicanalista, ma prima devo fare un nuovo contratto perché mi dicono che costa carissimo.

Quando nessuno mi invita al ristorante mi cucino qualcosa da mangiare in casa da sola. Ieri sono scoppiata a piangere

---

96 starsene: *rimanere;* **97 la poltrona:** *ampia sedia molto comoda;* **98 sdraiato, -a:** *disteso;* **la pancia:** *(Bauch);* **99 buttare via:** *gettare via;* **100 lo spreco:** *consumo inutile;* **104 accorgersi di qc:** *vedere improvvisamente, cominciare a capire;* **105 sfracellare:** *rompere, schiacciare, ridurre a pezzi;* **107 l'equilibrio:** *(Gleichgewicht);* **110 di seguito:** *continuamente, senza interruzione;* **112 il cuscino:** *(Kissen);* **113 fracico, -a:** *bagnato;* **116 affezionarsi:** *legarsi affettivamente a qn o qc;* **118 matto, -a:** *pazzo;* **122 scoppiare:** *esplodere*

improvvisamente mentre mangiavo gli spaghetti e i lacrimoni cadevano nel piatto come una pioggia. Quando mi metto a piangere io non scherzo, però a un certo punto ho reagito e mi sono detta che dovevo fare qualcosa, ribellarmi a quei mascalzoni che mi hanno ridotta in questo stato. Mi sono attaccata al telefono e ho parlato con il ragioniere della ditta delle caramelle che conosco ma non ci sono mai andata a letto. Gli ho detto che nel mese che ho lavorato per loro ho speso cinquecentomila lire solo per l'affitto, il telefono e il taxi. Più l'anticipo per la TV a colori, centomila. Mi hanno dato ottocentomila lire meno le trattenute e ne ho spese seicentomila. Se loro credono che io lavoro un mese per meno di duecentomila lire si sbagliano. Il ragioniere è rimasto in silenzio perché si vede che non sapeva che cosa rispondere, poi ha cercato di convincermi che le spese di affitto, telefono e taxi, e anche quelle per la TV a colori non hanno nessun rapporto con la paga che avevo ricevuto per le mie prestazioni. Per le sue prestazioni diceva, il cretino. Secondo certa gente le attrici sono tutte mignotte. Gli ho detto che non si azzardasse mai più a parlarmi di prestazioni. Mi ha chiesto scusa e poi ha riattaccato a dire che mi avevano pagata bene e che ottocentomila lire era un buon guadagno. Come se non sapesse, lui che fa il ragioniere, che il guadagno si calcola detraendo le spese dall'incasso. Chi li ha spesi i soldi dell'affitto, del telefono e della TV a colori, dicevo, li avete spesi voi o li ho spesi io? E il taxi? E il ristorante? Secondo voi quando uno lavora deve smettere di mangiare? E lui diceva guardi

---

123 il lacrimone: *grande lacrima (liquido degli occhi);* **127 il mascalzone:** *persona capace di azioni spregevoli o disoneste;* **128 il ragioniere:** *(Buchhalter);* **la ditta:** *un'impresa (Firma);* **131 l'affitto:** *locazione (Miete);* **133 la trattenuta:** *(Abzüge, Einbehaltung);* **137 convincere:** *persuadere;* **139 la paga:** *retribuzione, stipendio, salario;* **la prestazione:** *lavoro;* **140 il cretino:** *uomo molto stupido;* **141 azzardarsi:** *esporsi ad un rischio, arrischiare;* **143 riattaccare:** *ricominciare;* **145 il guadagno:** *(Gewinn);* **146 l'incasso:** *somma ricevuta;* **149 smettere:** *finire*

Luigi Malerba, Una ragazza tutta grigia

che la ditta non può accollarsi tutte le sue spese, e guardi che la bolletta del telefono comprende tre mesi. Sì, ma il conto l'ho pagato mentre lavoravo per voi. È rimasto secco, il mio ragionamento non faceva una grinza. Io lo so come si fanno i bilanci, dicevo, anche se non sono ragioniera. Lui si è messo a ridere al telefono e ha detto che io non sono una ditta ma una ragazza. Non si sa quanto possono essere stupidi gli uomini: quando si tratta di dare e avere, ho risposto, non c'è nessuna differenza fra una ditta e una ragazza. Mi ha tenuta al telefono quasi un'ora e alla fine ha detto che voleva invitarmi a cena in un ristorante tranquillo fuori Roma così potevamo continuare a discutere davanti a un bel piatto di spaghetti. Non ho detto né sì né no, siamo rimasti d'accordo che mi avrebbe ritelefonato. Del vestito grigio e delle mie depressioni non gli ho detto niente, non mi piace parlare al telefono di certi argomenti.

Una ragazza come me che vive sola, di solito accetta gli inviti per difendersi dalla solitudine. Qualche volta, se il tipo che ti invita è simpatico e passi con lui anche la notte, puoi giurare che il giorno dopo cercherà di farti un regalo. Questo fa parte di una mentalità molto sorpassata, oggi una ragazza tratta da pari a pari con l'uomo anche se non è una femminista arrabbiata. Io non accetto mai regali, a meno che non si tratti di monetine d'oro come sterline o fiorini. Ho un debole per le monetine d'oro, non lo nascondo, ma se un uomo mi regala qualche sterlina io il giorno dopo gli mando a casa una cintura di cuoio o un accendino tanto per chiarire che non rinuncio alla mia identità.

150 accollarsi: *assumere su di sé qc di gravoso;* **151 la bolletta:** *(Rechnung);* **153 non fare una grinza:** *di ragionamento che fila diritto e in genere di tutto ciò che è giusto, esatto;* **165 l'argomento:** *il tema*

Luigi Malerba, *Una ragazza tutta grigia*

Mi sono presentata all'appuntamento tutta vestita di grigio come quando compaio sui teleschermi per la pubblicità delle caramelle. Il ragioniere ha scherzato tutta la sera sul mio vestito, ma a forza di scherzare si è accorto anche lui che il grigio è deprimente non soltanto per chi lo porta addosso ma perfino per chi gli sta vicino. Fra poco mi metto a piangere anch'io, diceva. Io cercavo di trattenermi, ma ogni tanto sbottavo a piangere. Alla fine però ho ottenuto quello che desideravo: la prossima volta che faranno la pubblicità alle caramelle «Multigust» sarò io la ragazza colorata. Gli ho detto giura e lui ha detto giuro, ormai ci davamo del tu. Ha anche promesso che mi farà regalare i vestiti dalla ditta e io ho detto me lo farai scrivere sul contratto per piacere perché da quelli regali non ne voglio. Dopo cena siamo saliti a casa sua a bere un whisky e, per farlo contento, mi sono tolto il vestito grigio.

178 l'appuntamento: *accordo con cui due o più persone decidono di incontrarsi in un dato luogo e in un dato tempo;* **184 trattenersi:** *astenersi, dominarsi, non lasciarsi andare;* **sbottare:** *nun riuscire a contenere i suoi sentimenti;* **188 giurare:** *promettere con certezza*

Per "entrare" nella tematica del testo

1. In che misura la pubblicità può influire sull'uomo secondo voi?

2. La vita dei divi/delle dive può essere staccata/separata dall'immagine che offrono?

Per capire il testo

1. Di quali persone parla il testo?

2. Che cosa conta nella pubblicità?

3. Come reagisce la narratrice all'offerta della pubblicità?

Luigi Malerba, Una ragazza tutta grigia

Qual è il problema quando la narratrice vede per la prima volta la trasmissione pubblicitaria?

Come reagisce la narratrice alla sua "scoperta"?

Che cosa riceve la narratrice alla fine?

Come continua a influenzarla questo regalo?

Che cosa fa per cambiare la sua situazione?

Come finisce la discussione telefonica?

Descrivete lo sviluppo della conversazione nel ristorante?

Per leggere rapidamente un testo e per rilevare l'essenziale

Rileggete rapidamente il testo, tentate di riconoscere l'essenziale e date un sottotitolo ad ogni paragrafo.

Qual è la problematica del racconto?

Come la presenta l'autore? Come riesce a impressionare i lettori?

Compito creativo

L'altra ragazza scrive al suo ragazzo. Che cosa e come potrebbe scrivere questa lettera?

Il ragioniere racconta le sue esperienze a un amico.

6 *Luigi Malerba, Una ragazza tutta grigia*

Per cercare di capire vocaboli sconosciuti

1. Quali vocaboli si nascondono in

   vestito
   colorato
   l'attore
   la lavorazione
   la durata
   stabilire
   "multigust"
   la disgrazia
   la prestazione
   il grigiore
   la tristezza
   improvvisamente
   trattenere
   accollarsi
   l'appuntamento
   la pubblicità
   lo spettatore
   consigliare
   arancione
   artificiale   ?

2. Riconoscete i vocaboli seguenti? Perché?

il contratto	il bilancio
la carriera	discutere
la caramella	stupido
la rata	scherzare
il problema	deprimente
il trucco	l'entusiasmo
la società	il rombo
il concorrente	l'effetto

Luigi Malerba, Una ragazza tutta grigia

Riconoscete i vocaboli seguenti sulla base del contesto?

perché sarei comparsa (r. 17)
in un'ora di punta (r. 18–19)
Ho firmato il contratto (r. 20)
fare la nomea di piantagrane (r. 42–43)
buttarsi giù dalla finestra (r. 103)
mi cucino qualcosa da mangiare (r. 121–122)
mi metto a piangere (r. 124–125)

Nel testo trovate alcuni vocaboli che cominciano con il prefisso s- come "svalutare". Qual è il significato di questo suffisso? Che cosa significa

sgradevole
scoprire
scomparire
scorretto
lo squilibrio
sconosciuto
scontare
spargere
scomodo   ?

Cercate altri vocaboli della stessa famiglia. Eventualmente potete consultare il testo:

pubblico	deprimente
il contenuto	la convinzione
riprendere	affittare
il pagamento	guadagnare
danneggiare	azzardo
l'atto	l'angoscia
contro	tentare

69

7

Il lungo viaggio

Leonardo Sciascia

Era una notte che pareva fatta apposta, un'oscurità cagliata che a muoversi quasi se ne sentiva il peso. E faceva spavento, respiro di quella belva che era il mondo, il suono del mare: un respiro che veniva a spegnersi ai loro piedi.

1 apposta (avv.): *di proposito, con intenzione;* **l'oscurità** (f.): *il buio, contr.: la luce;* **cagliato, -a**: *indurito, condensato; il latte caglia dopo alcuni giorni;* **2 lo spavento**: *forte paura improvvisa;* **3 la belva**: *animale feroce*

Leonardo Sciascia, Il lungo viaggio

Stavano, con le loro valige di cartone e i loro fagotti, su un tratto di spiaggia pietrosa, riparata da colline, tra Gela e Licata: vi erano arrivati all'imbrunire, ed erano partiti all'alba dai loro paesi; paesi interni, lontani dal mare, aggrumati nell'arida plaga del feudo. Qualcuno di loro, era la prima volta che vedeva il mare: e sgomentava il pensiero di dover attraversarlo tutto, da quella deserta spiaggia della Sicilia, di notte, ad un'altra deserta spiaggia dell'America, pure di notte. Perché i patti erano questi - Io di notte vi imbarco - aveva detto l'uomo: una specie di commesso viaggiatore per la parlantina, ma serio e onesto nel volto - e di notte vi sbarco: sulla spiaggia del Nugioirsi, vi sbarco; a due passi da Nuovaiorche... E chi ha parenti in America, può scrivergli che aspettino alla stazione di Trenton, dodici giorni dopo l'imbarco... Fatevi il conto da voi... Certo, il giorno preciso non posso assicurarvelo: mettiamo che c'è mare grosso, mettiamo che la guardia costiera stia a vigilare... Un giorno piú o un giorno meno, non vi fa niente: l'importante è sbarcare in America.

L'importante era davvero sbarcare in America: come e quando non aveva poi importanza. Se ai loro parenti arrivavano le lettere, con quegli indirizzi confusi e sgorbi che riuscivano a tracciare sulle buste, sarebbero arrivati anche loro; «chi ha lingua passa il mare», giustamente diceva il proverbio. E

---

5 il fagotto: *(Bündel);* **6 pietroso, -a:** *con pietre, roccioso;* **7 imbrunire:** *farsi sera; all'imbrunire: verso sera;* **8 aggrumato, -a:** *coagulato;* **9 la plaga:** *zona;* **il feudo:** *grande proprietà terriera;* **10 sgomentare:** *causare ansia, spaventare;* **14 il commesso viaggiatore:** *(Handlungsreisender);* **la parlantina:** *grande facilità di parola;* **15 sbarcare qn:** *far scendere a terra persone o cose (da un'imbarcazione, da un aereo);* **il parente:** *persona della famiglia (nonno, madre, fratello ecc.);* **18 l'imbarco (m.):** *il salire a bordo; luogo da cui ci si imbarca;* **fare il conto:** *contare, calcolare;* **20 il mare grosso:** *il mare in tempesta, mare con onde alte, mare mosso;* **la guardia costiera:** *corpo militare che controlla le coste di un paese;* **21 vigilare:** *controllare, sorvegliare;* **25 lo sgorbio:** *uno scritto illeggibile;* **26 la busta:** *(Briefumschlag)*

avrebbero passato il mare, quel grande mare oscuro; e sarebbero approdati agli *stori* e alle *farme* dell'America, all'affetto dei loro fratelli zii nipoti cugini, alle calde ricche abbondanti case, alle automobili grandi come case.

Duecentocinquantamila lire: metà alla partenza, metà all'arrivo. Le tenevano, a modo di scapolari, tra la pelle e la camicia. Avevano venduto tutto quello che avevano da vendere, per racimolarle: la casa terragna il mulo l'asino le provviste dell'annata il canterano le coltri. I piú furbi avevano fatto ricorso agli usurai, con la segreta intenzione di fregarli; una volta almeno, dopo anni che ne subivano angaria: e ne avevano soddisfazione, al pensiero della faccia che avrebbero fatta nell'apprendere la notizia. «Vieni a cercarmi in America, sanguisuga: magari ti ridò i tuoi soldi, ma senza interesse, se ti riesce di trovarmi». Il sogno dell'America traboccava di dollari: non piú, il denaro, custodito nel logoro portafogli o nascosto tra la camicia e la pelle, ma cacciato con noncuranza nelle tasche dei pantaloni, tirato fuori a manciate: come avevano visto fare ai loro parenti, che erano partiti morti di fame, magri e cotti dal sole; e dopo venti o trent'anni tornavano, ma per una breve vacanza, con la faccia piena e rosea che faceva bel contrasto coi capelli candidi.

---

28 oscuro, -a: *senza luce;* **29 approdare a:** *giungere alla riva, alla costa, al porto;* **30 il nipote:** *il figlio del fratello/della sorella; il figlio del figlio;* **il cugino:** *il figlio dello zio/della zia;* **33 lo scapolare:** *(Mönchsumhang);* **la pelle:** *parte esteriore del corpo;* **35 racimolare:** *mettere insieme con fatica;* **terragno, -a:** *posto sulla terra, legato alla terra;* **36 l'annata:** *periodo di un anno;* **il canterano:** *(Kommode);* **la coltre:** *coperta da letto;* **furbo, -a:** *astuto, scaltro, abile;* **fare ricorso a qn:** *rivolgersi a qn per ottenere aiuto;* **37 l'usuraio (m.):** *(Wucherer);* **fregare: qui:** *ingannare, truffare;* **38 l'angaria:** *(Abgaben, Auflagen);* **40 la sanguisuga:** *(Blutegel);* **42 traboccare di:** *essere troppo pieno;* **43 logoro:** *consunto, consumato dall'uso;* **44 la noncuranza:** *indifferenza;* **45 la manciata:** *quanto si può prendere con una mano;* **47 cotto, -a: qui:** *bruciato dal sole*

Leonardo Sciascia, Il lungo viaggio

Erano già le undici. Uno di loro accese la lampadina tascabile: il segnale che potevano venire a prenderli per portarli sul piroscafo. Quando la spense, l'oscurità sembrò piú spessa e paurosa. Ma qualche minuto dopo, dal respiro ossessivo del mare affiorò un piú umano, domestico suono d'acqua: quasi che vi si riempissero e vuotassero, con ritmo, dei secchi. Poi venne un brusío, un parlottare sommesso. Si trovarono davanti il signor Melfa, ché con questo nome conoscevano l'impresario della loro avventura, prima ancora di aver capito che la barca aveva toccato terra.

- Ci siamo tutti? - domandò il signor Melfa. Accese la lampadina, fece la conta. Ne mancavano due. - Forse ci hanno ripensato, forse arriveranno piú tardi... Peggio per loro, in ogni caso. E che ci mettiamo ad aspettarli, col rischio che corriamo?

Tutti dissero che non era il caso di aspettarli.

- Se qualcuno di voi non ha il contante pronto - ammoní il signor Melfa - è meglio si metta la strada tra le gambe e se ne torni a casa: ché se pensa di farmi a bordo la sorpresa, sbaglia di grosso; io vi riporto a terra com'è vero dio, tutti quanti siete. E che per uno debbano pagare tutti, non è cosa giusta: e dunque chi ne avrà colpa la pagherà per mano mia e per mano dei compagni, una pestata che se ne ricorderà mentre campa; se gli va bene...

---

50 accendere: *innescare, avviare, mettere in funzione (luce, fuoco ecc.); contr.: spegnere;* **52 il piroscafo:** *nave a vapore;* **53 ossessivo, -a:** *che costituisce un'ossessione (Zwangs-);* **54 affiorare:** *apparire alla superficie;* **55 il secchio:** *(Eimer);* **56 il brusio:** *qui: bisbigliare di molte voci (Stimmengewirr);* **il parlottare:** *parlare a bassa voce in modo anche misterioso;* **sommesso, -a:** *(detto di suono:) basso, appena percettibile, timido;* **58 l'impresario:** *qui: organizzatore;* **61 fare la conta:** *contare;* **66 il contante:** *denaro liquido, monete e banconote;* **ammonire:** *mettere in guardia;* **67 mettersi la strada tra le gambe:** *mettersi in cammino, andarsene;* **69 di grosso:** *assai;* **72 la pestata:** *colpi violenti con i piedi; qui: picchiata, violente percosse;* **73 campare:** *vivere; mentre campa = per tutta la vita*

7
Leonardo Sciascia, Il lungo viaggio

Tutti assicurarono e giurarono che il contante c'era, fino all'ultimo soldo.

- In barca - disse il signor Melfa. E di colpo ciascuno dei partenti diventò una informe massa, un confuso grappolo di bagagli.

- Cristo! E che vi siete portata la casa appresso? - cominciò a sgranare bestemmie, e finí quando tutto il carico, uomini e bagagli, si ammucchiò nella barca: col rischio che un uomo o un fagotto ne traboccasse fuori. E la differenza tra un uomo e un fagotto era per il signor Melfa nel fatto che l'uomo si portava appresso le duecentocinquantamila lire; addosso, cucite nella giacca o tra la camicia e la pelle. Li conosceva, lui, li conosceva bene: questi contadini zaurri, questi villani.

Il viaggio durò meno del previsto: undici notti, quella della partenza compresa. E contavano le notti invece che i giorni, poiché le notti erano di atroce promiscuità, soffocanti. Si sentivano immersi nell'odore di pesce di nafta e di vomito come in un liquido caldo nero bitume. Ne grondavano all'alba, stremati, quando salivano ad abbeverarsi di luce e di vento. Ma come l'idea del mare era per loro il piano verdeggiante di messe quando il vento lo sommuove, il mare vero li atterriva:

---

75 il soldo: *moneta di poco valore; fino all'ultimo soldo (modo di dire) = tutta la somma;* **77 informe:** *senza forma precisa;* **il grappolo:** *qui: raggruppamento di persone, di animali, di cose (che ricorda la forma del grappolo d'uva);* **79 appresso, -a:** *vicino, accanto; portare qc appresso = portare qc con sé;* **80 sgranare bestemmie:** *dire una serie di imprecazioni contro Dio e i Santi;* **81 ammucchiarsi:** *ammassarsi; formare un mucchio;* **84 addosso:** *sulla persona, con sé;* **cucire:** *(nähen);* **86 zaurro, -a:** *(dialetto) villano, contadino, persona rozza;* **il villano:** *contadino, persona rozza;* **87 il previsto:** *tempo calcolato;* **89 atroce:** *terribile, orribile, crudele;* **la promiscuità:** *(Vermischung);* **soffocante:** *opprimente;* **90 immergere qn:** *avvolgere, sprofondare;* **la nafta:** *olio combustibile, gasolio;* **il vomito:** *ciò che è stato espulso dallo stomaco attraverso la bocca;* **91 il bitume:** *(Teer);* **grondare:** *lasciare cadere liquido/colare di liquido (triefen);* **l'alba:** *l'inizio del giorno, il momento fra la fine della notte e l'apparire del giorno;* **stremato, -a:** *molto stanco, senza forze;* **92 abbeverare:** *bere, dissetarsi;* **93 verdeggiante:** *verde fresco e vivace;* **94 la messe:** *raccolto, grano;* **sommuovere:** *muovere con violenza, agitare;* **atterrire:** *mettere terrore, spavento a qn*

Leonardo Sciascia, Il lungo viaggio

e le viscere gli si strizzavano, gli occhi dolorosamente verminavano di luce se appena indugiavano a guardare.

Ma all'undicesima notte il signor Melfa li chiamò in coperta: e credettero dapprima che fitte costellazioni fossero scese al mare come greggi; ed erano invece paesi, paesi della ricca America che come gioielli brillavano nella notte. E la notte stessa era un incanto: serena e dolce, una mezza luna che trascorreva tra una trasparente fauna di nuvole, una brezza che dislagava i polmoni.

- Ecco l'America - disse il signor Melfa.
- Non c'è pericolo che sia un altro posto? - domandò uno: poiché per tutto il viaggio aveva pensato che nel mare non ci sono né strade né trazzere, ed era da dio fare la via giusta, senza sgarrare, conducendo una nave tra cielo ed acqua.

Il signor Melfa lo guardò con compassione, domandò a tutti - E lo avete mai visto, dalle vostre parti, un orizzonte come questo? E non lo sentite che l'aria è diversa? Non vedete come splendono questi paesi?

Tutti convennero, con compassione e risentimento guardarono quel loro compagno che aveva osato una cosí stupida domanda.

- Liquidiamo il conto - disse il signor Melfa.

Si frugarono sotto la camicia, tirarono fuori i soldi.

---

95 le viscere (f.): *organi interni (dell'uomo e degli animali)*; **strizzare**: *stringere forte*; **verminare**: *far vermi (hier: verwest sein)*; **96 indugiare**: *durare a lungo*; **97 la coperta**: *(Oberdeck)* **98 fitto, -a**: *denso, compatto*; **99 il gregge (pl. le greggi)**: *gruppo di pecore (custodite da un pastore)*; **100 il gioiello**: *oggetto prezioso, ornamento d'oro e di pietre preziose*; **101 l'incanto**: *magia, qc di affascinante*; **102 la brezza**: *vento leggero*; **103 dislagare**: *sollevare*; **107 la trazzera**: *(dialetto siciliano) via diritta*; **108 sgarrare**: *andar fuori strada, commettere errori*; **109 la compassione**: *reazione negativa, di disprezzo*; **110 dalle vostre parti**: *nella vostra zona, nel vostro paese, nelle vostre terre*; **113 convenire**: *ammettere, essere d'accordo*; **116 liquidare il conto**: *regolare il conto, pagare*; **117 frugarsi**: *(forma poetica) cercare affannosamente (kramen, herumstöbern)*

7 Leonardo Sciascia, Il lungo viaggio

- Preparate le vostre cose - disse il signor Melfa dopo avere incassato.

Gli ci vollero pochi minuti: avendo quasi consumato le provviste di viaggio, che per patto avevano dovuto portarsi, non restava loro che un po' di biancheria e i regali per i parenti d'America: qualche forma di pecorino qualche bottiglia di vino vecchio qualche ricamo da mettere in centro alla tavola o alle spalliere dei sofà. Scesero nella barca leggeri leggeri, ridendo e canticchiando; e uno si mise a cantare a gola aperta, appena la barca si mosse.

- E dunque non avete capito niente? - si arrabbiò il signor Melfa. - E dunque mi volete fare passare il guaio?... Appena vi avrò lasciati a terra potete correre dal primo sbirro che incontrate, e farvi rimpatriare con la prima corsa: io me ne fotto, ognuno è libero di ammazzarsi come vuole ... E poi, sono stato ai patti: qui c'è l'America, il dover mio di buttarvici l'ho assolto... Ma datemi il tempo di tornare a bordo, Cristo di Dio!

Gli diedero piú del tempo di tornare a bordo: ché rimasero seduti sulla fresca sabbia, indecisi, senza saper che fare, benedicendo e maledicendo la notte: la cui protezione, mentre stavano fermi sulla spiaggia, si sarebbe mutata in terribile agguato se avessero osato allontanarsene.

120 la provvista: *qui: gli alimenti necessari per il viaggio, alimentari, soldi ecc.);* **121 il patto:** *accordo, convenzione;* **122 la biancheria:** *(Wäsche);* **124 il ricamo:** *(Stickerei);* **125 la spalliera:** *(Rückenlehne);* **126 canticchiare:** *cantare distrattamente a mezza voce;* **cantare a gola aperta:** *cantare ad alta voce;* **128 arrabbiarsi:** *essere preso da collera;* **129 il guaio:** *disgrazia, fastidio; far passare un guaio a qn = provocare/causare problemi;* **130 lo sbirro:** *poliziotto, guardia;* **131 fottersene:** *(volg.) non curarsi, ridere di qc;* **132 ammazzarsi:** *suicidarsi, morire;* **133 buttare:** *(pop.) gettare;* **137 benedire:** *lodare, esaltare;* **138 maledire:** *vituperare, condannare, invocare qc di male;* **139 mutare:** *cambiare;* **140 l'agguato (m.):** *inganno che si tende a un nemico, insidia*

Il signor Melfa aveva raccomandato - sparpagliatevi - ma nessuno se la sentiva di dividersi dagli altri. E Trenton chi sa quant'era lontana, chi sa quanto ci voleva per arrivarci. Sentirono, lontano e irreale, un canto. «Sembra un carrettiere nostro», pensarono: e che il mondo è ovunque lo stesso, ovunque l'uomo spreme in canto la stessa malinconia, la stessa pena. Ma erano in America, le città che baluginavano dietro l'orizzonte di sabbia e d'alberi erano città dell'America.
Due di loro decisero di andare in avanscoperta. Camminarono in direzione della luce che il paese piú vicino riverberava nel cielo. Trovarono quasi subito la strada: «asfaltata, ben tenuta: qui è diverso che da noi», ma per la verità se l'aspettavano piú ampia, piú dritta. Se ne tennero fuori, ad evitare incontri: la seguivano camminando tra gli alberi.

Passò un'automobile: «pare una seicento»; e poi un'altra che pareva una millecento, e un'altra ancora: «le nostre macchine loro le tengono per capriccio, le comprano ai ragazzi come da noi le biciclete». Poi passarono, assordanti, due motociclette, una dietro l'altra. Era la polizia, non c'era da sbagliare: meno male che si erano tenuti fuori della strada.
Ed ecco che finalmente c'erano le frecce. Guardarono avanti e indietro, entrarono nella strada, si avvicinarono a leggere: *Santa Croce Camarina - Scoglitti*.
- Santa Croce Camarina: non mi è nuovo, questo nome.
- Pare anche a me; e nemmeno Scoglitti mi è nuovo.

141 sparpagliare: *spargere qua e là;* **144 il carrettiere:** *chi guida il carro, la carretta;* **146 spremere:** *esprimere;* **la malinconia:** *tristezza;* **147 baluginare:** *apparire e sparire rapidamente;* **149 l'avanscoperta:** *ricognizione e esplorazione di un terreno per scoprire i movimenti del nemico;* **150 riverberare:** *riflettere;* **157 per capriccio:** *per gioco;* **158 assordante (agg.):** *rumoroso, che rende sordo;* **161 la freccia:** *(Pfeil);* **163 Scoglitti:** *nome di un paese*

- Forse qualcuno dei nostri parenti ci abitava, forse mio zio prima di trasferirsi a Filadelfia: ché io ricordo stava in un'altra città, prima di passare a Filadelfia.

- Anche mio fratello: stava in un altro posto, prima di andarsene a Brucchilin... Ma come si chiamasse, proprio non lo ricordo: e poi, noi leggiamo Santa Croce Camarina, leggiamo Scoglitti; ma come leggono loro non lo sappiamo, l'americano non si legge come è scritto.

- Già, il bello dell'italiano è questo: che tu come è scritto lo leggi... Ma non è che possiamo passare qui la nottata, bisogna farsi coraggio... Io la prima macchina che passa, la fermo: domanderò solo «Trenton?»... Qui la gente è piú educata... Anche a non capire quello che dice, gli scapperà un gesto, un segnale: e almeno capiremo da che parte è, questa maledetta Trenton.

Dalla curva, a venti metri, sbucò una cinquecento: l'automobilista se li vide guizzare davanti, le mani alzate a fermarlo. Frenò bestemmiando: non pensò a una rapina, ché la zona era tra le piú calme; credette volessero un passaggio, aprí lo sportello.

- Trenton? - domandò uno dei due.

- Che? - fece l'automobilista.

- Trenton?

- Che trenton della madonna - imprecò l'uomo dell'automobile.

- Parla italiano - si dissero i due, guardandosi per consultarsi: se non era il caso di rivelare a un compatriota la loro condizione.

170 Brucchilin: *(Brooklyn);* **175 la nottata:** *la durata di una notte, considerata in rapporto a quello che vi accade;* **178 scappare:** *darsi alla fuga, fuggire;* **181 sbucare:** *apparire improvvisamente, uscire (da un buco);* **182 guizzare:** *muoversi rapidamente, balzare di scatto;* **183 la rapina:** *(Raub);* **184 lo sportello:** *porta di un'automobile;* **189 imprecare:** *lanciare insulti, maledizioni;* **192 la condizione:** *la situazione*

Leonardo Sciascia, Il lungo viaggio

L'automobilista chiuse lo sportello, rimise in moto. L'automobile balzò in avanti: e solo allora gridò ai due che rimanevano sulla strada come statue - ubriaconi, cornuti ubriaconi, cornuti e figli di... - il resto si perse nella corsa.
Il silenzio dilagò.
- Mi sto ricordando - disse dopo un momento quello cui il nome di Santa Croce non suonava nuovo - a Santa Croce Camarina, un'annata che dalle nostre parti andò male, mio padre ci venne per la mietitura.
Si buttarono come schiantati sull'orlo della cunetta: ché non c'era fretta di portare agli altri la notizia che erano sbarcati in Sicilia.

195 balzare: *saltare su, muoversi repentinamente;* **196 ubriacone:** *chi ha bevuto troppo alcool;* **cornuto/a:** *chi è tradito dal proprio coniuge;* **202 la mietitura:** *la raccolta del grano;* **203 schiantare:** *scoppiare, crepare, morire;* **l'orlo (m.):** *margine estremo;* **la cunetta:** *(Rinnstein)*

Per preparare la lettura del testo

1. Avete già fatto un viaggio con una nave o in un battello? Raccontate le vostre esperienze.

2. In Italia c'è stata un'immigrazione e un'emigrazione. Che cosa ne sapete?

Per leggere senza dizionario e rapidamente il testo

1. Cercate di capire il più possibile i primi due paragrafi (senza dizionario).

2. Che cosa vi aspettate dalla continuazione?

3. Leggete rapidamente la parte rimanente e rilevate in ogni paragrafo una parola/un'espressione/una piccola frase importante.

7 *Leonardo Sciascia, Il lungo viaggio*

Per capire il testo

1. Che cosa caratterizza la situazione iniziale?
2. Di quali persone parla il testo?
3. Che cosa apprendiamo sul viaggio progettato?
4. Quali sono i desideri di quelli che vogliono partire?
5. Come devono pagare i passeggeri il loro viaggio?
6. Come avviene la partenza?
7. Che cosa apprendiamo sul viaggio?
8. Di che cosa parla il signor Melfa all'arrivo?
9. Come si comportano i passeggeri dopo lo sbarco?
10. Quali sono le loro impressioni quando sono sulla terraferma?
11. Descrivete le "scoperte" che fanno i passeggeri una volta a terra.
12. Come reagiscono a ciò che scoprono?

Per approfondire la comprensione

1. Leggete rapidamente in silenzio il testo e rivedete soprattutto le azioni e le parole del signor Melfa. Che cosa constatate?
2. Perché il lettore viene facilmente "ingannato"? Tenete conto della prospettiva del narratore e del titolo.
3. Perché le persone vogliono emigrare negli Stati Uniti secondo voi?
4. Quale potrebbe essere l'intenzione dell'autore?

Leonardo Sciascia, Il lungo viaggio **7**

Per cercare di capire vocaboli sconosciuti

Quali vocaboli si nascondono in

verdeggiare
assordare
rimpatriare
la nottata
l'imbarco
sbarcare
pietroso
traboccare
la parlantina
ammucchiarsi
dolorosamente
sbucare
pauroso
a manciate
informe
abbeverare
un carrettiere
la guardia
allontanarsi
canticchiare   ?

2. Capite i vocaboli seguenti? Perché?

il rischio	in barca
i pantaloni	la massa
la lampadina	il bitume
l'orizzonte	l'idea
il gesto	la malinconia
la zona	l'affetto
a bordo	la camicia

81

7 Leonardo Sciascia, Il lungo viaggio

3 Tenete conto dei contesti per capire i vocaboli/le espressioni seguenti:

consumare le provviste di viaggio (r. 120–121)
ci hanno ripensato (r. 61–62)
dodici giorni dopo l'imbarco (r. 18)
essere cotto dal sole (r. 47)
(volere) fare passare il guaio (r. 129)
tenersi fuori (dalla strada) (r. 153)
un gesto gli scappa (r. 178)
avere il contante pronto (r. 66)
fitte costellazioni sono scese al mare come greggi (r. 98-99)
pagherà per mano mia (r. 71)

4 Spiegate la combinazione delle espressioni seguenti:

la lampadina tascabile
in avanscoperta
mettersi la strada tra le gambe
tutti quanti siete
il mare grosso
dalle vostre parti
cantare a gola aperta

Bontà

Goffredo Parise

Un giorno di settembre del 1941 alla stazione di Cortina d'Ampezzo una donna bionda e rotonda in compagnia di un bambino di dieci anni vestito da frate aspettava il "trenino" bianco e azzurro in arrivo da Dobbiaco. Erano i soli ad aspettare e accanto a loro avevano una valigia, un aeromodello di carta dalle grandi ali gialle e blu e un mandolino dentro una custodia di grossa tela color caffè. Tacevano, e la luce senza vento ma fredda li illuminava in modo totale e sereno. Il trenino arrivò, i due si affrettarono per prendere posto e in quel momento dalle porte della stazione entrò correndo una donnetta vestita di nero con un cappellino nero che mise un piede sul mandolino e lo sfondò. La donna bionda udì il rumore del mandolino sfondato, tirò un urlo e si precipitò sulla donnetta che, con il braccio, fece un gesto di difesa. La bionda gridò verso il treno: - Umberto, guarda il mandolino, - il bambino vestito da frate si affacciò al finestrino e spalancò gli occhi senza parlare.

- Adesso lo paga, - disse la donna bionda cercando di dominare l'istinto con le parole e a quel "paga" la donnetta vestita di nero parve svegliarsi dall'improvvisa paura, estrasse il piede dal mandolino e corse sul treno in partenza. Era però

2 rotondo, -a: *che ha forma circolare;* **3 il frate:** *(Mönch, Bruder);* **4 Dobbiaco:** *(Toblach) paese in provincia di Bolzano (Bozen);* **5 l'aeromodello:** *piccolo aereo (per bambini);* **6 l'ala, le ali:** *organo che serve agli uccelli a volare;* **il mandolino:** *strumento musicale;* **7 la custodia:** *(Hülle);* **la tela:** *(Leinen, Tuch);* **8 sereno, -a:** *chiaro;* **9 affrettarsi:** *camminare molto rapidamente;* **12 sfondare:** *rompere (il fondo);* **13 l'urlo:** *grido lungo e forte;* **16 affacciarsi:** *sporgere la faccia, mostrarsi;* **spalancare:** *aprire interamente (completamente);* **20 parve:** *(pass. rem. di parere) apparire, sembrare;* **svegliarsi:** *destarsi dal sonno;* **estrarre:** *tirare fuori*

seguita dalla bionda che la teneva stretta al braccio e diceva:
- I carabinieri, i carabinieri, ferma il treno, ferma il treno.

Ma si udì un fischio, il treno cominciò a mettersi in moto e anche la donna bionda fu costretta a salire. Non abbandonò la donnetta vestita di nero che si divincolava e la obbligò a sedere davanti a sé e al bambino vestito da frate. - Adesso facciamo i conti: lei l'ha rotto e lo paga, - disse la bionda con voce sibilante e ansimante dalla rabbia.

- No, - disse la donnetta con un fil di voce e di nuovo ebbe quel gesto di difesa col braccio.

- Altroché se lo paga.

- No, disse la donnetta e rafforzò quel no con un piccolo gesto del capo.

- Sì che lo paga, sibilò la donna rotonda.

La donnetta fece finta di non sentire. Era molto pallida e magra, vestita di seta e organza e merletti neri, calze grige e piccole scarpe nere da uomo molto lucide: avrebbe potuto essere una dama di compagnia di qualche vecchia contessa o una perpetua di parroco benestante. Il volto le tremava (aveva occhi azzurri molto scoloriti) ma si vedeva dal pallore nervoso del volto e dalle labbra strette e bianche che era decisa a non pagare.

22 stretto: *(v. stringere) premuto (v. premere), serrato con forza;* **24 udire:** *sentire;* **il fischio:** *(Pfiff);* **mettersi in moto:** *cominciare a muoversi;* **26 divincolarsi:** *agitarsi, tentare di liberarsi (dai vincoli);* **27 fare i conti:** *calcolare (ciò che si spende e che si guadagna);* **28 sibilare:** *emettere un fischio continuato, sottile e acuto; un serpente (rettile) sibila (zischen);* **29 ansimare:** *respirare con difficoltà (keuchen);* **30 un fil di voce:** *voce molto debole;* **32 altroché:** *naturalmente;* **36 fare finta:** *simulare, tentare di ingannare;* **pallido, -a:** *senza colorito naturale; essere pallido: avere il viso "bianco" in seguito a malessere;* **37 la seta:** *(Seide);* **l'organza:** *Organza (Stoffart);* **il merletto:** *(Spitze);* **40 la perpetua:** *domestica di un sacerdote, prete;* **il parroco:** *(Pfarrer);* **benestante:** *ricco, facoltoso;* **il volto:** *la faccia;* **41 scolorito, -a:** *che ha perduto il suo colore, senza colore;* **il pallore:** *sostantivo di pallido (v. sopra)*

- Chi rompe paga, - disse la donna e avendo visto il pallore, il tremore e il biancore delle labbra della donnetta vestita di nero era diventata quasi beffarda (la donna rotonda era biondissima e vestita a colori vivaci, con alti sandali di sughero). Il bambino vestito da frate era agitato vedendo la sua accompagnatrice così furente e rigirava tra le mani la custodia col mandolino fracassato dentro.

La donnetta vestita di nero serrò le labbra ancora di più e fece no col capo, due o tre volte.

- Alla prima stazione scendiamo e chiamiamo i carabinieri, disse la donna bionda sempre più beffarda: - Se lei non pagherà sarà portata in prigione.

La donnetta fece ancora cenno di no col capo e il mento cominciò a tremarle.

Ci fu una lunga pausa di silenzio durante la quale la donna rotonda fissava con violenza e spietatezza (i suoi occhi sembravano perfino strabici) la donnetta vestita di nero che tentava di distogliere lo sguardo. Ma la donna bionda allungò una delle sue mani forti e polpute, piena di efelidi e con le unghie smaltate di rosa e scrostate, con due dita afferrò la punta del mento della donnetta, le sollevò il capo e disse:

44 il tremore: *il tremare fortemente di una persona, spec. per paura, freddo, febbre o intensa emozione;* **45 il biancore**: *colore bianco, la bianchezza;* **46 beffardo, -a**: *(spöttisch, höhnisch);* **47 vivace**: *vivo, pieno di vita;* **il sandalo**: *specie di calzatura;* **il sughero**: *(Kork);* **49 furente**: *molto arrabbiato;* **51 serrare le labbra**: *chiudere stringendo le labbra;* **55 la prigione**: *luogo in cui vengono rinchiusi i criminali che devono scontare la pena;* **56 fare cenno di**: *fare un gesto con la mano, con la testa o con gli occhi;* **il mento**: *parte della faccia sotto la bocca;* **57 tremare**: *v. tremore;* **59 fissare**: *guardare ininterrottamente;* **la spietatezza**: *l'essere crudele, malvagio;* **60 strabico, -a**: *(schielend);* **61 distogliere**: *distrarre, allontanare;* **62 polputo, -a**: *grasso;* **l'efelide**: *piccola macchia della pelle (cute), che diventa più visibile d'estate (Sommersprossen);* **l'unghia**: *(Finger-)Nagel, Kralle;* **63 smaltato, -a**: *(lackiert);* **scrostato, -a**: *rovinato, rotto in superficie;* **afferrare**: *prendere e tenere con forza*

8 Goffredo Parise, Bontà

- Guardi le persone negli occhi, - e la guardò fissa con la massima concentrazione delle sue pupille azzurre. La donnetta seguitava a distogliere gli occhi e ci fu un'altra pausa: una nube molto fredda che segnava la fine dell'estate entrò dal finestrino socchiuso, raffreddò la pelle dei tre e portò dentro di loro il sentimento dell'inverno. Subito dopo la pausa la donnetta, che forse era stata colpita meno degli altri due dal sentimento dell'inverno, domandò quasi senza voce: - Quanto costerebbe il mandolino?

- Il mandolino è costato centoventi lire, - disse la donna bionda, già meno forte e non più beffarda.

- Uhmm, - fece dubbiosamente la donnetta.

- Non ci crede? - disse la bionda e tornò ad arrabbiarsi.

La donnetta non rispose e, sempre molto pallida, guardò le montagne che si allontanavano nella luce splendente. Sulle Tofane era caduta un po' di neve e proprio sulla punta il vento alzava e arricciava la neve contro il blu del cielo. Giunse anche un suono di campane (era domenica).

- Ci fermeremo dai carabinieri di Calalzo, - disse la bionda al bambino vestito da frate e, senza rivolgersi alla donnetta, aggiunse: - Canaglia, guarda come ha ridotto il mandolino.

Il bambino vestito da frate non disse nulla, ma, come per mostrare le condizioni del mandolino aprì la custodia di tela e levò lo strumento. La cassa lucida e panciuta era sfondata al

68 la nube: *la nuvola;* **69 raffreddare:** *rendere freddo;* **71 colpire:** *qui: impressionare;* **76 dubbiosamente:** *in modo dubbioso, incerto, non sicuro;* **77 arrabbiarsi:** *andare in collera, essere preso dalla collera;* **80 le Tofane:** *parte delle Dolomiti;* **81 arricciare:** *(kräuseln);* **82 la campana:** *strumento a forma di vaso rovesciato che si trova sul campanile della chiesa;* **85 la canaglia:** *persona astuta e malvagia;* **ridurre:** *far diventare, rendere, diventare;* **88 la cassa:** *cavità di uno strumento musicale;* **panciuto, -a:** *che ha una grossa pancia*

centro e il manico spezzato pendeva come il collo di una gallina. Dalla custodia scivolò fuori uno spartito dal titolo Macariolita.

Alla vista del mandolino in quelle condizioni la donnetta vestita di nero lo guardò a lungo tra incredula e disperata e parve rendersi conto solo allora del danno provocato, che le sembrò enorme e irreparabile. Impallidì ancora una volta e il mento le tremò. Con secche e bianche dita di donna casalinga e anziana stringeva una logora borsetta di pelle nera. - Potrei dare cinquanta lire, - disse e aperta la borsetta tirò fuori un borsellino di tela chiuso da bottoni automatici di cinque lire.

- Ho detto che è costato centoventi lire, mi dispiace, - disse la bionda. La vittoria sulla donnetta l'aveva improvvisamente acquietata, il suo tono era calmo, un po' altero, e sorrise.

- È usato, disse la donnetta.

- Chi rompe di vecchio paga di nuovo, - disse la bionda.

La donnetta tirò fuori dal borsellino ancora un foglio da dieci lire e una moneta da cinque lire. Si vedeva che nel borsellino non aveva quasi più nulla.

La bionda fece un gesto negativo, con la lingua tra i denti, e aggiunse: - No, no.

La donnetta vuotò il borsellino: aveva ancora quindici lire, in tutto ottanta lire.

89 il manico: *parte di un oggetto, di un arnese, di uno strumento e sim. che si afferra con la mano per adoperarlo o per sollevarlo;* **spezzato, -a**: *rotto;* **il collo**: *(Hals);* **la gallina**: *(Huhn);* **90 scivolare**: *qui: cadere;* **lo spartito**: *le note di una composizione musicale;* **93 incredulo, -a**: *che non crede; non disposto a credere;* **disperato, -a**: *senza speranza;* **94 il danno**: *(Schaden);* **95 impallidire**: *diventare pallido;* **96 casalingo, -a**: *che riguarda la casa;* **97 logoro, -a**: *molto usato, ridotto in cattivo stato dall'uso prolungato;* **99 il bottone automatico**: *(Druckknopf);* **103 acquietato, -a**: *diventato calmo, tranquillo;* **altero, -a**: *superbo, orgoglioso; che ha un'alta opinione di sé;* **111 vuotare**: *rendere vuoto, privare qc del contenuto*

- È tutto quello che ho, - disse, - se vuole denunciarmi mi denunci, - guardò le montagne che scomparivano e allungò il denaro sul palmo. La bionda lo contò e lo diede al bambino vestito da frate, ma il bambino, prima fece segno di no col capo poi prese il denaro e lo tenne in mano. - Mettilo in tasca, ebete, - disse la bionda e solo allora il bambino sollevò la tonaca e ficcò il denaro nella tasca dei pantaloni corti.
Passò altro tempo in silenzio e la donnetta disse: - Però il mandolino sarebbe mio.
La bionda tolse di mano il mandolino al bambino e lo porse alla donnetta che se lo mise in grembo; passò così più di mezz'ora e la donnetta volgeva lo sguardo dalle montagne riapparse al mandolino rotto (ora suo) con le corde pendolanti. Infine si volse al bambino e gli ritornò il mandolino:
- Cosa ne faccio, riprendilo tu, io non so suonare il mandolino, anche se si potesse riparare io non lo so suonare, non ho mai suonato niente ... - e su queste ultime parole cominciò silenziosamente a piangere. Cavò dalla borsetta un fazzolettino bianco con una cifra, si asciugò gli occhi e quando il fazzoletto si inzuppò usò le nocche delle dita di persona vecchia. Ogni tanto scrollava la testa senza rassegnarsi, il bambino non voleva assolutamente il mandolino, lei invece voleva darglielo e si passarono lo strumento rotto due o tre

114 allungare: *rendere più lungo;* **115 il palmo:** *Handfläche;* **118 ebete:** *deficiente, ottuso di mente;* **la tonaca:** *veste lunga con maniche larghe e lunga fino ai piedi indossata da frati e monache;* **ficcare:** *mettere dentro, spingere, fare entrare dentro con forza;* **123 il grembo:** *Schoß;* **125 riapparire:** *apparire di nuovo;* **rotto, -a:** *in pezzi; che non è più in buono stato;* **pendolante:** *non più fisso;* **130 cavare:** *estrarre, togliere, tirare fuori;* **131 la cifra:** *le cifre formano numeri;* **132 inzupparsi:** *bagnarsi completamente;* **la nocca:** *(Finger-)Gelenk;* **133 scrollare:** *scuotere energicamente; scrollare la testa: muovere la testa a destra e a sinistra per esprimere disapprovazione o rifiuto;* **rassegnarsi:** *dover accettare la volontà altrui o qc di doloroso, di inevitabile*

volte. Alla fine il bambino lo posò sulla reticella sopra la testa della donna.

La bionda chiese: - Si può sapere perché piange tanto? - e la donnetta scosse la testa piangendo.

- Si può sapere? - continuò la bionda e poiché la donnetta non rispondeva insistette a lungo. Finalmente la donnetta rispose.

- Era tutto quello che avevo, ottanta lire, si vede che il Signore voleva castigarmi. - Passò ancora del tempo, il trenino era entrato nella valle al crepuscolo, dai comignoli usciva il fumo e da qualche parte entrò un po' di quel fumo insieme all'odore della polenta. Il treno si fermò accanto a una casa di pietra scura con un comignolo da cui uscivano faville e su una larga striscia di calce bianca era scritto: "Credere, obbedire, combattere. Mussolini." Ma nel blu della notte imminente si leggeva appena.

- Lei cosa fa? - chiese la bionda per rompere l'imbarazzo della lunga pausa di pianto.

- La rammendatrice,- disse la donnetta che si era rassegnata e aveva perfino l'aria di voler scambiare due chiacchiere.

- E dove abita?

- A Bassano del Grappa.

- Guardi che il treno va a Venezia, - disse la bionda completamente calma e gentile.

136 la reticella: *la rete posta nello scompartimento di un treno per metterci i bagagli;* **141 insistere:** *continuare in un'azione, perseverare;* **143 il Signore:** *Dio;* **144 castigare:** *punire, infliggere una pena;* **145 il crepuscolo:** *luce diffusa che precede l'alba o segue il tramonto;* **il comignolo:** *(Schornstein);* **il fumo:** *(Rauch);* **147 la polenta:** *cibo alla base di granturco (Mais);* **148 la favilla:** *scintilla (Funke);* **149 la striscia:** *(Streifen);* **la calce:** *(Kalk);* **152 l'imbarazzo:** *stato di incertezza, di confusione, di disagio;* **154 la rammendatrice:** *persona che ripara tessuti;* **155 la chiacchiera:** *conversazione vana, di cose senza importanza;* **157 Bassano del Grappa:** *città nel Veneto*

8 Goffredo Parise, Bontà

160 - Vado a trovare mia sorella suora a Venezia, - disse la donnetta. Ormai era buio e i tre viaggiatori si vedevano appena nella luce delle lampadine azzurrate ma l'aeromodello di carta lucida scintillava sospeso tra due sedili.

Dopo un po' di quella oscurità la bionda disse al bambino 165 vestito da frate: - Dà i soldi alla signora, - il bambino lo fece subito e la donnetta li prese, armeggiò nell'oscurità con borsa e borsellino, chiuse i bottoni automatici sempre dicendo:

- Grazie, grazie pregherò per il bambino. Hai fatto un voto?
- Sì, - disse il bambino.
170 - A chi?
- A Sant'Antonio di Padova, - rispose il bambino.
- Sant'Antonio di Padova è un santo buono, - disse la donnetta. - Io sono devota a San Francesco d'Assisi ma so che Sant'Antonio di Padova è un santo tanto buono.

160 la suora: *religiosa (v. il frate = religioso);* **161 buio:** *scuro, senza luce;* **162 la lampadina:** *(Glühbirne);* **azzurrato:** *colorato di azzurro (blu chiaro);* **163 scintillare:** *brillare, risplendere (funkeln);* **166 armeggiare:** *agitare;* **168 fare un voto:** *promessa solenne di compiere un determinato atto di culto, di carità o di rinuncia in segno di riconoscenza per una grazia ricevuta o anche per ottenere la liberazione da un male;* **173 devoto, -a:** *fedele, dedito*

Per "entrare" nella tematica del testo

Cosa fareste se qualcuno danneggia senza volerlo una cosa molto preziosa che vi appartiene?

Per capire il testo

1 Quando e dove si svolge l'azione? Quali sono i protagonisti?

2 Come reagiscono la madre e suo figlio?

3 Come reagisce la donna vestita di nero per quanto riguarda il mandolino danneggiato?

Che cosa fa la madre dopo il suo piccolo discorso?

Qual è l'effetto sull'altra donna?

La madre è contenta, secondo voi, del primo passo fatto dalla donnetta?

Come reagisce la donnetta alla dimostrazione del danno causato?

Quali conseguenze trae la donnetta dal suo pagamento?

Come reagiscono la madre e suo figlio alle lacrime della donnetta?

Descrivete la fine dell'azione.

Per approfondire la comprensione

Rileggete rapidamente il testo e indicate le fasi dell'azione.

Caratterizzate i tre personaggi.

Che cosa ha interessato, secondo voi, lo scrittore?

Come tenta l'autore di situare il racconto nella realtà?

Compito creativo

Che cosa potrebbe avere raccontato la donnetta alla sua amica?

Come ha vissuto il bambino gli avvenimenti alla stazione e nel treno?

8 Goffredo Parise, Bontà

Per cercare di capire vocaboli sconosciuti

1. Quali vocaboli si nascondono in

la custodia
affrettarsi
il cappellino
divincolare
lucido
la spietatezza
afferrare
socchiudere
arrabbiarsi
impallidire
illuminare
la donnetta
sfondare
rafforzare
scolorito
distogliere
seguitare
raffreddare
incredulo
dubbiosamente   ?

2. Conoscete i vocaboli seguenti? Perché?

biondo	il tono
il mandolino	denunciare
il finestrino	i pantaloni
l'istinto	totale
rafforzare	il gesto
il sandalo	dominare
la montagna	la difesa
enorme	magro

Goffredo Parise, Bontà

la pupilla
lo strumento
la vittoria

il dente
la tasca
finalmente

Tentate di comprendere le espressioni seguenti sulla base del contesto:

un mandolino dentro una custodia di grossa tela color caffè (r. 6−7)
mise un piede sul mandolino e lo sfondò (r. 11−12)
si precipitò sulla donnetta che, con il braccio, fece un gesto di difesa (r. 13−14)
estrasse il piede dal mandolino (r. 20−21)
fece finta di non sentire (r. 36)
fece ancora cenno di no col capo (r. 56)
la donnetta vestita di nero ... tentava di distogliere lo sguardo (r. 60−61)
con due dita afferrò la punta del mento della donnetta (r. 63−64)
una nube molto fredda che segnava la fine dell'estate entrò dal finestrino socchiuso (r. 67−69)
e tornò ad arrabbiarsi (r. 77)

Cercate altri vocaboli della stessa famiglia. Eventualmente cercate nel testo:

l'arrivo
il corso, la corsa
l'abbandono
il prigioniero
la colpa
l'apertura
la zuppa
il cartone
la furia

8 *Goffredo Parise, Bontà*

pallido	
tremare	
il suono	
la rete	

5   Nel testo trovate alcune parole con i suffissi -ore; -ino; -trice (-tore) e con i prefissi di-, dis-, ac-, ar-, ad- ecc. Che cosa significano?

Literatur

Benni, Stefano, *L'ultima lacrima*. Milano: Feltrinelli 1994.

Calvino, Italo, "L'avventura di due sposi" (*Gli amori difficili,* 1958), in: Buttaron, Susanna, *Letteratura al naturale*. Roma: Bonacci 1989.

De Crescenzo, Luciano, *Così parlò Bellavista*. Milano: Mondadori 1977.

Malerba, Luigi, *Testa d'argento*. Milano: Mondadori 1988.

Parise, Goffredo, *Sillabari*. Milano: Rizzoli 1997.

Sciascia, Leonardo, *Il mare colore del vino*. Torino: Einaudi 1974.

Tabucchi, Antonio, *I volatili del Beato Angelico*. Palermo: Sellerio 1998.